KB000359

『대학』 읽기

세창명저산책_047

『대학』 읽기

초판 1쇄 인쇄 2016년 9월 5일
초판 1쇄 발행 2016년 9월 15일

–

지은이 정해왕
펴낸이 이방원
기획위원 원당희
편집 윤원진 · 김명희 · 이윤석 · 안효희 · 강윤경 · 김민균
디자인 손경화 · 박선옥
마케팅 최성수

–

펴낸곳 세창미디어
출판신고 2013년 1월 4일 제312-2013-000002호
주소 03735 서울시 서대문구 경기대로 88 냉천빌딩 4층
전화 02-723-8660 팩스 02-720-4579
이메일 sc1992@empal.com **홈페이지** http://www.sechangpub.co.kr/

–

ISBN 978-89-5586-445-8 03150

정가 8,000원

이 도서의 국립중앙도서관 출판시도서목록(CIP)은 서지정보유통지원시스템 홈페이지(http://seoji.nl.go.kr)와 국가자료공동목록시스템(http://www.nl.go.kr/kolisnet)에서 이용하실 수 있습니다. CIP제어번호: CIP2016021156

_ 이미지 설명: 책거리 그림(冊架圖), 작자미상, 조선, 국립중앙박물관 소장, 동원(東垣)-003322-000

『대학』 읽기

정해왕 지음

세창미디어
MEDIA

머리말

중·고등학교에 다니던 청소년 시절, '유교儒敎'의 대표적 경전이라며 '사서삼경四書三經'이라는 말을 배웠다. 그리고 그것이 『대학大學』, 『중용中庸』, 『논어論語』, 『맹자孟子』, 『시경詩經』, 『서경書經』, 『주역周易』이라는 것과 앞의 넷은 '사서'이고 뒤의 셋은 '삼경'이라는 것, 그리고 '삼경'에 『예기禮記』, 『춘추春秋』를 더하면 '오경五經'이 된다는 것도 학교에서 배웠다. 요즘 아이들도 여전히 그렇게 배울 것이다.

그 시절 필자는, 다른 아이들도 대개 그러했겠고 오늘날의 아이들도 그러한 현실이지만, 입시라는 중압감 때문에 명저, 명작이라고 일컬어지는 책들을 찾아 읽는 데는 많은 용기를 내어야 했다. 그래도 틈을 봐서 읽기도 하여, 예를 들어 고등학교 1학년 때부터 플라톤의 『소크라테스의 변명』, 『국가』를 비롯하여 일부 서양철학서를 읽어 보기도 하였다. 동양철학서로는 고등학교 3학년 때 입시를 목전에 두고도 도가철학서인 『노자老子(도덕경道德經)』를 읽다가, 입시가 코앞인데 참으로 한가하다는 주위의 핀잔을 듣기도 했다.

『대학』을 비롯한 유가철학서는, 대학 1학년 때 이제 마음 먹고 고전을 읽어 보리라 하여, 집에 있던 '사서삼경' 전집을 원문과 번역, 주해 등을 대조해 봄과 동시에 내 스스로 해석도 해 보는 방식으로 꼼꼼히 읽는 기회를 가졌다. 이때의 경험이 필자에게는 유가철학에 대한 기본 이해와 나아가 한문 해독력이라는 어학적 능력을 제고하는 기회였다. 이른바 '문리文理'가 나름대로 터득이 되었다(이후 현대중국어를 공부하다 보니, 이 '문리'란 결국 지금의 중국어 즉 현대한어現代漢語의 고대古代 버전인 고대한어古代漢語의 문법체계이며, 고대한어든 현대한어든 모두 한어漢語라는 한 문법체계로 포괄됨을 알게 되었지만).

유가철학이 다른 철학체계와는 차별화되는 특성, 즉 가까운 곳에서 진리를 찾는다는 특성이 있음을 알게 된 것이 이 '사서삼경'을 읽으면서였고, 그중에서도 장황한 유가철학서들의 취지를 요약해 놓은 것 같은 『대학』과 『중용』은 유가철학의 압축판 같아 보였다. 그리고 이때 필자는 특히 『주역』에 관심을 가졌었는데, 『주역』은 그 문헌을 보는 관점과 방식이 다양하여, 예컨대 왕필王弼의 도가적 관점, 지욱智旭의 불교적 관점, 심지어 오늘날의 현대적 관점 등도 있지만, 『주역』이 '사서삼경'이나 '사서오경'의 하나로서 자리매김한 이유를 알기 위해서는 '사서'를 비롯한 다른 유가서를 반드시 깊이 이해할 필요가 있다 여겨졌다.

유가적 관점에서 보는 『주역』은 도덕실천자로서의 군자가 변화하는 세상의 매 상황에서 어떻게 사는 삶이 옳은 삶인가를 고민하면서, 그 상황마다의 '중용'과 '정의'를 인식하고 실천함을 말하는 문헌이다. 『중용』은 아주 당연하게도 군자의 이러한 '중용' 지향적 삶에 대해 말하는 문헌이다. 그래서 『주역』은 『중용』과 내밀하게 결부되어 있다. 그런데, 이러한 『주역』과 『중용』에서 묘사되는 군자의 실천적 삶은 무엇을 위한 것인가. 소인의 준동으로 인해 난세에 빠진 세상을 구하기 위함이고, 천하를 화평하게 하기 위함이다. 그것은 곧 『대학』에서 말하는 '평천하平天下'이다. 이렇게 해서 『주역』과 『중용』은 또 『대학』과 결부된다.

『주역』과 『중용』을 비롯한 유가의 다른 문헌도 군자의 실천을 말한 것이지만, 『대학』이야말로 세상을 구하려는 군자의 실천프로그램을 차근차근 제시한 문헌이다. 이렇게 군자는 소인이 장악하여 민생이 도탄에 빠진 난세의 상황을 치세로 되돌리려 한다. 그런데 이것은 군자가 당면한 우선의 목표이지 최고의 이상적 목표는 아니다. 유가사상에서 최고의 이상적 목표는 유가의 이상사회인 '대동大同'의 사회를 실현하는 것이다. 이 이상적 목표를 묘사한 유가의 문헌이 곧 '오경' 중 하나인 『예기禮記』에 있는 「예운禮運」편篇이다.

이 책은 『대학』의 내용을 소개하고 더불어 그 내용에 관련된 제 문제를 논의하기 위한 것이다. 그렇게 함으로써 독자들에게 『대학』에 관한 다각도의 이해방식을 제공하려 함이 목적이다. 그렇지만 유가사상의 이론 구조 속에서 『대학』의 사상이 존재하게 되는 전후사정도 말하지 않고 『대학』만 달랑 떨어 내어 단도직입적으로 말하려 하지는 않는다.

필자는 『대학』을 말하기 위해서 우선 『대학』을 비롯한 제諸 유가서의 최종목표를 말하고 있는 『예기』「예운」을 도입부인 '프롤로그'에서 다소 장황하게 말하려 한다(이 도입부는 일종의 '「예운」 읽기'로서의 안내서 역할이 되기도 한다). 즉 목표를 먼저 제시하고 그것을 위한 실천프로그램으로서의 『대학』을 말할 것이다. 그래서 『대학』은 『중용』과 『주역』뿐만 아니라 『예기』와도 결부된다 하겠다. 사실상 『대학』은 『중용』과 더불어 원래는 『예기』의 편들인 「대학」편, 「중용」편이었으니 그 밀접한 관련성은 처음부터 있었던 셈이다.

『대학』은, 다른 유교경전도 그렇지만 여태까지 수많은 해석이 있어 온 문헌이다. 심지어 지금도 현대의 전문가들이 나름대로의 해석을 내고 있지 않은가. 그렇지만 그 많은 관점을 이 책에서 다 다룰 수도 없고 또 그럴 필요도 없다. 그것이 이 책의 주된 목적도 아니다. 이 책에서는 역대의 수많은 해석 중 철학사적으로 의미가 가장 뚜렷한 관점만을, 즉 그 해석이 후대에 학파를 형성하여 이어져 온 관점만을 다룰 것이다. 그중 가장 대표적인 관점이 우리 모두에게 유명한 이학理學(한국에서는 흔히 성리학性理學이라 일컫는다)과 심학心學의 관점, 인물로 치면 주희朱熹(주자朱子)와 왕수인王守仁(왕양명王陽明)의 관점이다.

사실상 이 두 사람의 관점을 이야기하지 않을 수도 없다.

왜냐하면 『대학』은 처음부터 '어떤 관점에서 해석해야 할까' 하는 문제와 당장 만나기 때문이다. 그러나 주로 첨예한 부분에서 그렇게 이야기할 것이고, 그런 논란이 없는 부분까지 두 사람의 학설을 다 소개하지는 않을 것이다. 그리고 이 두 사람의 관점뿐 아니라 동시에 필자의 관점이 더불어 표현되는 것도 역시 피할 수 없을 것이다.

필자가 세창미디어로부터 『《대학》 읽기』, 『《중용》 읽기』의 집필을 의뢰받고도 세월이 제법 흘렀다. 이 『《대학》 읽기』는 이 책에 이어 발간되는 『《중용》 읽기』와 더불어 서로 연관성 있게 기획되고 체제도 그렇게 구성되었다. 원래 두 문헌 자체가 상호 연관성이 있기 때문이며 두 문헌은 학술사에서 그렇게 역할을 해 왔다. 그래서 필자는 그 점에 특히 신경을 썼다. 두 책을 동시에 구상하는 것, 거기에 단순한 문헌 소개 이상의 내용을 담으려고 생각한 것도 세월이 쉬이 흐른 요인이 되었다.

어쨌든 생각만 있고 이 일 저 일로 제대로 착수하지 못하여, 그간 여러 차례 출판사 분들께 저간의 사정을 이야기하였다. 이에 출판사 측에서 넓은 아량으로 양해해 주었지만,

참으로 송구한 마음 금할 길 없었다. 그러던 차에, 2015년 3월부터 1년간 중국 북경대에서 파견 연구할 기회를 얻은 덕에 시간적 여유가 생겨서 참으로 다행스러웠다.

우선 『《대학》 읽기』의 집필을 끝내고 이어 『《중용》 읽기』 집필까지 마쳐, 이제 귀국을 며칠 앞두고 두 책의 머리말을 씀으로써 마무리하려 하니, 지난 1년간의 감회가 새롭다. 지금 창밖에는 원고의 완성을 알리듯 중국인들이 쏘아 올리는 춘절春節의 폭죽소리가 힘차게 들려온다. 다시 한 번 세창미디어 분들의 인내에 감사드림과 동시에 내용의 제 문제에 대해서 독자분들의 비평과 충고를 기다린다.

2016년 2월 중국 북경에서

저자 정해왕

| 차 례 |

프롤로그

『대학大學』이 꿈꾸는 유가儒家의 이상사회

(『예기禮記』「예운禮運」 읽기)

1. 유가의 이상적 목표, 대동大同사회

— 선양禪讓의 공천하公天下

공자孔子(B.C.551~B.C.479, 본명은 공구孔丘, 자字는 중니仲尼. 유가儒家의 창시자)가 그의 고국 노魯나라에서 벼슬할 때의 일이다. 당시의 제도로는 매달 해당되는 신을 제사 지내다가 한 해의 끝인 12월에는 종묘에서 여러 신을 합하여 사제蜡祭를 지내는데, 공자가 어느 해의 사제에 빈객賓客으로 참석한 일이 있었다. 그때 사제를 마치고 밖으로 나와 성문의 관觀에서 잠시 생각에 잠겨 있던 그는 "아!" 하고 탄식하였다. 이에 공자를 곁에서 수행하고 있던 제자 언언言偃(B.C.506~B.C.445?, 언언은 본명, 자字는 자유子游)이 의아하게 여겨 물었다.

"선생님께서는 무엇을 탄식하십니까?"

제자의 이 한마디 물음에 공자는 마치 기다렸다는 듯 가슴속에 담고 있던 바를 술회하기 시작했다.

"옛날 큰 도(대도大道)가 행하여진 때가 있었다. 바로 요堯임금(중국 상고시대 전설상의 임금. 성姓은 이기伊祁, 이름은 방훈放勳)과 순舜임금(성은 우虞 또는 유우有虞, 이름은 중화重華)의 때이다. 그리고 그 후 우禹임금(순舜에게서 임금 자리를 물려받은 하夏나라의 시조. 성은 사姒, 이름은 문명文命)으로부터 시작된 하夏나라가, 이후 탕湯임금(하나라를 밀어낸 은殷나라의 시조. 성은 자子, 이름은 이履 또는 천을天乙)으로부터 시작된 은殷[01]나라가 있었고, 이어서 무武임금(은나라를 밀어낸 주周나라의 시조. 뒤에 나오는 문왕文王의 아들. 성은 희姬, 이름은 발發)으로부터 주周나라가 시작되었다. 바로 우리가 삼대三代라고 부르는 시대이다. 그런데 그 큰 도가 행하여진 상황과 삼대의 영현英賢한 이들에 대해서 내가 직접 겪지는 못하였지만, 그에 관한 기록은 남아 있어 그 내용을 말할 수가 있다.

그 기록에 따르면, 큰 도가 행하여졌을 때는 천하天下를 개인이나 어떤 가문의 사적私的인 것이 아닌, 모두의 소유인 공적公的인 것으로 보았다. 그래서 천하를 이끌어 갈 인재를 발탁함에도 혈연이나 지연 등의 사적인 관계에 의하지 않고, 어디까지나 현명한 이와 능력 있는 이를 뽑아 등용하여, 천하를 이끌어 가는 인재 구성원 상호의 신뢰를 도모하고, 그들 사이의 화목을 지속시킴을 사회 지도의 원칙으로 삼았다.

이처럼 사회지도층이 천하를 공개념으로 이끌어 가기 때문에 자연히 천하사회의 모든 구성원들은 자신의 부모만을 부모로 여기지 않고 모두의 부모를 자신의 부모처럼 여겼으며, 자신의 자식만을 자식으로 여기지 않고 모두의 자식을 자신의 자식처럼 여겼다. 이러한 세상에서는 소외되는 사람 없이 구성원 모두 보살핌과 배려를 받았고, 또 천하 사람들은 모두 한 가족과 같아서, 가족 중 약한 이들이 특히 보살핌을 받아야 하는 것처럼 천하 사람 중 특히 그 처지가 어려운 약자들이 보살핌을 받았다.

먼저 각 세대별로 보면, 노인들에게는 편안히 노후의 여생을 마칠 수 있도록 복지혜택을 주고, 청장년에게는 일자리를 마련해 주어 경제활동을 보장하고, 어린이들에게는 어려움 없이 잘 자랄 수 있는 여건과 환경을 마련해 주었다. 그리고 사회에서 소외되기 쉬운 사회적 약자 특히 홀아비, 과부, 고아, 독거노인과 같이 가족관계에 있어서 외로운 사람 그리고 사회적 배려를 받아야 할 장애인 등이 모두 생계를 보장받았다. 이렇게 어려운 사람들을 우선 배려하면서, 사회 전반적으로 볼 때 성년이 되면 남자들에게는 각자가 맡을 직분을 주고, 여자들은 결혼할 수 있도록 하였다.

사회의 경제정의 측면에서는 공동소유와 공동생산이 원칙이었다. 사회의 경제가 유지되려면 재화와 노동이 있어야 하는데, 그중 재화는 누군가는 써야 하더라도 땅에 버려지듯 헛되이 낭비되는 것을 싫어하였다. 그렇다고 해서 꼭 특정인들이 독점하여 소유하도록 하지는 않았다. 또 노동은 누군가는 해야 하므로 누군가의 신체에서 나오지 않아서 아무도 노동하지 않는 상태를 싫어하였다. 그렇다고 해서 그 노동이

꼭 어떤 특정인의 이익을 위해서 사용되도록 하지는 않았다. 이렇게 재화와 노동이 모두를 위한 것으로 간주되어 사적 욕심이 일어날 수 없게 되니, 교활한 꾀가 닫혀서 일어나지 않고, 도둑질이나 조직 폭력이 일어나지 않았다. 이런 까닭으로 문을 밖으로 내어놓고도 닫지 않는 세상이 되었다. 이러한 세상을 두고 '대동大同'이라고 이른다."[02]

공자는 이렇게 천하가 이상적이었던 때를 그렸다. 바로 요임금과 순임금이 천하를 다스리던 때였다. 태초에 천지가 생기고, 사람 사는 세상인 천하가 사회공동체로서 이루어져, 원시의 자연 상태에 점차로 인간적 질서가 마련되었다. 이 질서가 가장 이상적으로 된 상태가 곧 모두가 크게 한마음 한뜻으로 하나 된 '대동大同'의 시대였다. 그때는 여러 전설적 지도자의 시기를 거쳐, 마침내 가장 이상적 인격자로서의 성인聖人인 요임금과 순임금이 천하를 다스리던 때였다.

천하는 한 개인과 한 가문의 것이 아닌 모두를 위한 공公천하였다. 요임금과 순임금은 천하를 모두의 것으로 생각했으므로, 요는 자신의 자식이 아닌 순에게 자리를 물려주었다. 혈통에 따라 세습하지 않고 천하를 맡을 덕이 있는 이를 찾아 천하를 맡기는 이른바 '선양禪讓'이었다. 순 역시 자신의 자식이 아닌 우를 발탁해 천하를 맡겼다.

천하 사람 모두가 이렇게 자신의 가족만을 가족으로 여기지 않고, 천하 사람 모두를 한 가족으로 여겼다. 모두를 위해 노동하고 모두가 함께 소유했다. 모두의 것인 재화는 탐낼 사람도 없고 탐낼 필요도 없으니 자연히 도둑도 없어 문을 열어 놓고 있어도 걱정이 없었다. 서로를 배려하고, 특히 사회적 약자를 더 배려하였다. 성인인 요임금과 순임금은 백성을 강압적으로 다스리지 않았으므로, 백성들은 임금의 정치권력을 권위적으로 느끼지 못하였다.

대동사회가 이러하다는 것은 유가사상에서 사랑을 의미하는 '인仁'의 덕이 천하에 행해지고 있었다는 의미다. 이 '인'의 정치의 혜택 속에 살았던 요순 대동사회의 백성들은 "해가 뜨면 일하고, 해가 지면 쉬고, 우물 파서 마시고, 밭을 갈아 먹으니, 임금님의 힘이 나에게 무슨 소용이 있겠는가?(日出而作, 日入而息. 鑿井而飮, 耕田而食. 帝力於我何有哉?)"[03]라고 노래하였다. 마치 물고기가 물의 존재를 느끼지 못하듯, 사람이 공기의 존재를 느끼지 못하듯, 그들은 임금이 누구인지도 모를 정도로 제왕의 통치력을 느끼지 못하고 평화롭게 살았다고 한다.

『대학』을 말하려 하면서 이 '대동'사회를 이야기하는 이유는 『대학』이 유가사상의 문헌인 한, 이 문헌이 추구하는 궁극적 목표, 즉 이후 내용에서 말할 '평천하平天下'를 이룬 상태가 유가사상의 이상사회인 '대동'사회여야 하겠기에, 『대학』을 말하기 전 이 문헌의 이상적 목표를 알아 두어야 한다는 생각에서다. 그런데 「예운」에 따르면 이 대동사회는 오래 지속되지 않았다. 그보다 못한 사회가 도래하였기 때문이다. 그것은 곧 '소강小康'사회이다.

2. 유가의 차선의 목표, 소강小康사회
— 세습世襲의 사천하私天下

순임금의 선양으로 천하를 물려받아 다스리게 된 우임금부터는 자식에게 임금 자리를 물려주는 세습의 시대가 되었다. 즉 우임금의 혈통으로 이어지는 왕조가 시작되었다. 그 왕조가 바로 하夏나라이다. 천하는 이제 더 이상 공공公共의 것이 아니게 되었다. 공公천하에서 사私천하, 가家천하가 되었다. 공자는 이러한 상태를 대도가 숨어 버린 것으로 규정하였다. 그는 이상적인 대동사회가 쇠락한 뒤 오는 이러한 사회를 다음과 같이 묘사했다.

"이제는 큰 도가 숨어 버려 천하를 한 집안(家)의 것으로 간주하게 되었다. 그래서 천하 사람들은 각자 자신의 부모만을 부모로 여기고, 자신의 자식만을 자식으로 여기게 되었으며, 재화와 노동은 자신만을 위해 사용하게 되었다. 지배자들은 세습을 예禮로 규정하여 천하와 각자의 나라를 사유화하는 제도를 만들었다. 그들은 성곽을 쌓고 그 둘레에 못을 만들어 그들의 사적 소유를 공고히 하여 지켰으며, 예禮와 의義라는 명분을 내세워 그러한 것을 천하와 나라의 체제를 유지하는 기강紀綱으로 삼았다.

그래서 이 예와 의라는 명분으로써 임금과 신하의 신분질서를 바로잡고, 아버지와 아들의 관계를 돈독히 하였으며, 형과 아우를 화목하게 하고, 남편과 아내를 화합하게 하려 하였다. 또, 이 예와 의라는 명분으로 그들의 이익을 위한 제도를 베풀고, 토지와 마을을 구획하였으며, 용맹스러움과 지혜로움을 높이 평가하고, 자신을 위하는 행위를 공功으로 여겼다. 그러므로 모략이 이를 틈타 생겨나고, 전쟁이 이로 말미암아 발생하게 되었다.

하나라의 우임금, 은나라의 탕임금, 지금 주나라의 문왕文王(주무왕의 아버지. 성은 희姬, 이름은 창昌), 무왕, 성왕成王(무왕의 아들로서 주나라의 두 번째 왕. 이름은 송誦), 주공周公(문왕의 아들이며 무왕의 동생. 이름은 단旦)은 바로 이 예禮를 잘 운용했다는 이유로 높이 평가받는다. 이 여섯 군자들은 모두 예를 삼가지 않은 이가 없었다.

그래서 예를 가지고 그들이 생각하는 의를 드러내었으며, 또 예를 가지고 그들이 생각하는 신의를 검증하고, 잘못이 있는 자들을 드러냄에 인仁을 기준으로 하여 겸양을 말하며, 백성들에게 변치 않는 규범이 있음을 보여 주었다. 만약 이 규범을 따르지 않는 자가 있으면, 비록 그가 권세영역에 진입해 있는 자라 하더라도 그를 제거하여, 민중들이 이를 재앙으로 여기었다. 이러한 세상을 두고 '소강小康'이라고 이른다."[04]

소강의 사회가 시작된 시기는, 대동의 공적 사회가 사라지고 사적 관념이 비롯된 시기이다.[05] 이 시기는 대동의 이상사회였던 요임금과 순임금의 시기 다음인 우임금 시기부터라고 공자는 말한다. 우임금 때부터 천하를 한 가문의 것으로 간주하는 가家천하의 시대가 시작된 것이다. 요임금 때 시작된 황하의 9년 홍수를, 요임금의 명으로 우의 아버지 곤鯀이 다스리다 실패하여 벌을 받고 죽은 바 있었다.

그런데, 그 아들인 우가 다시 순임금의 명을 받아 천하를 위해서 큰 희생정신을 발휘하여 홍수를 해결했다. 그는 홍수에 시달리는 천하 백성을 구제하려고 노력하면서, 자신의 집 앞을 세 번이나 지나가면서도 들르지 않을 정도로 희생적으로 인仁을 실천하여 순임금으로부터 천하를 선양받게 되었다. 그 또한 백익伯益이라는 사람에게 선양했다. 그러나 이후 백익이 사양하고 피해 살아, 우임금 사후 결국은 우의 아들 계啓가 임금 자리를 물려받게 되어, 천하가 아들에게 세습되는 결과가 되었다고 전해진다.[06] 계 이후에는 본격적으로 세습의 시대가 되었다.

「예운」에서는, 이러한 소강사회를 대동사회의 큰 도가 숨어 버려 이상적 상태가 퇴락해 버린 사회로 진단한다. 유가사상의 이상적 목표가 대동사회라면 『대학』이 지향하는 이상사회 역시 대동사회여야 한다. 그런데 만일 이상에 도달하기 어렵다면 우선 그 차선을 생각할 수 있다. 그 차선이 바로 이 소강사회라 할 수 있다. 실제 대동사회보다는 못하지만 그나마 훌륭한 지도자들로 평가받고 있는 이들이 다스렸던 사회이기도 하다. 그런데 이 소강사회는 대동사회에 대해 단순한 차선은 아니다. 근본적, 본질적 문제를 안고 있기 때문이다. 무슨 문제인가. 그것은 대동의 큰 도가 무너져 생기는 문제, 곧 '세습'으로 인한 것이다.

3. 소강사회의 본질적 모순 — 세습世襲

세습이 인간사회에 미친 영향은 매우 크다. 실로 세습과 상속이야말로 인류 역사에 있어서 인간불평등의 기원이기 때문이다. 인류 역사상 현대에 있어서 실험된 결과적 평등의 공산사회는, 능력이 우수한 이들의 성취동기를 눌러 버려 사회구성원의 다양한 능력발휘가 보장되지 않아 사회 전체의 진보를 저해하지만, 세습, 이와 더불어 상속 역시 마치 마라톤 경주의 동일한 출발선을 보장하지 않는 것과 같아서, 마찬가지로 사회구성원의 성취동기와 능력발휘를 저해하고 자기발전의 희망을 꺾어 버리는 요인이 된다.

이렇게 되면 누구는 좋은 '출신성분'으로 높은 '카스트'를 세습하여 '금수저'를 물고 태어나, 그들의 능력과 상관없이 마라톤 경주에서 이미 반환점을 돌고 있고, 심지어 결승점에까지 다다르게 된 상황이라면, 누구는 아무리 능력이 있어도 출발선이 달라 이미 출발해 버린 경쟁자를 따라잡을 수 없게 된다. 게다가 그다음 차례의 경주는 새롭게 정해진 더 불공정한 출발선에서 출발하게 되어 불공정이 누적, 가중된다. 이러한 불공정은 한 대에 그치는 것이 아니라 대를 이어 누적된다.[07] 각자의 능력발휘를 보장해 준다 해도 '기회균등equal opportunity'이 보장되지 않기 때문에 그 능력발휘는 제한적일 수밖에 없다.

유교의 역사상 우임금은 성왕聖王의 한 사람으로 평가받

지만, 그는 결과적으로는 대동사회와 소강사회를 큰 획으로 가름하는, 불평등한 세습왕조의 시작인 하왕조의 시조가 되었다. 그 후대에 성왕聖王으로 평가받는 은왕조의 탕임금이나 주왕조의 문왕, 무왕, 성왕成王, 주공 등은 모두 소강시대의 훌륭한 지도자들이다. 그런데 이들의 시대가 요순시대와 근본적으로 다른 점은 세습시대라는 점이다. 세습시대, 상속시대라는 것은 그 체제에서 이득을 보는 기득권계급이 형성된다는 의미다. 이러한 사회를 유지시키는 기본 질서가 곧 그들이 내세운 '예禮'이다.

세습을 사회체제의 기본 전제로 하는 소강사회는 그 사회의 기득권을 장악한 세력들이 세습 및 상속에 관한 제도인 예로써 그들의 기득권을 유지, 확대하는 사회이다. 대동사회에서 소강사회로의 이행은, 대동사회에서 이루어졌던 정치권력과 경제이익에 대한 공적 개념 및 그러한 관념을 바탕으로 한 대동적 복지를 쇠퇴시키거나 포기함을 의미한다. 만일 소강사회로부터 더 발전하여 대동사회로 진입하는 것을 이야기한다면 소강사회는 이상적 대동사회로 발전하는 전 단계의 가치를 지니고 있지만, 그 반대로 대동사회에서 소강사회로 이행함은 심각한 퇴보이다.

이러한 상황에서는 다시 대동사회를 꿈꾼다 하더라도 그 회복은 지극히 어려운 이상이 된다. 왜냐하면 일단 사적 욕심이 전제되어 세습적 사유제를 인정한 상황이 되면 사회는 더욱더 욕심에 빠져들 가능성이 있기 때문이다. 그리고 사회구성원들 간에 이기심으로 인한 물욕이 팽배해져 사적 소유물에 대한 쟁탈전이 벌어지게 된다. 이러한 측면은 나라 간, 집안 간, 개인 간에 모두 일어날 수 있어서, 맹자孟子(B.C.372?~B.C.289?, 본명은 맹가孟軻, 자字는 자여子輿·자거子車)가 지적한 바대로 한 나라의 위아래에서 모두 서로 이익을 추구하면 온 나라가 그로 인해 위태로워지는 상황이 되는 것이 인간사회의 현실이다(『맹자孟子』「양혜왕梁惠王 상上」 첫머리의 내용).

그런데 소강사회의 첫 번째 최고통치자였던 우임금의 경우처럼 비록 성왕의 평가를 받을 만큼 덕이 있었다 하더라도 이후 세습이 계속된다면, 그 아들이 아버지만큼 훌륭한 덕을 가진 통치자가 못 되라는 법은 없지만 아버지가 훌륭하다고 해서 아들이 반드시 훌륭하다는 법이 없는 것이 인간사회의 현실이다. 실제로 세습을 거듭할수록 그 전대보다 못한 통치자가 나올 가능성은 더 커져서, 급기야는 하왕조 말에 그 이름도 유명한 폭군 걸왕桀王이 출현한다. 세습의 모순과 문제점이 가장 극대화된 것이다.

4. 소강사회 세습 모순의 급진적 해결방법 — 혁명革命

역사적으로 이러한 모순을 해결하는 방법으로 실행되고, 그것이 유가사상가들에 의해 이론적으로 정당화된 것이 곧 '혁명革命'이다. 이 혁명의 첫 번째가 하夏왕조의 걸왕을 몰아내고 은殷왕조를 세운 사건이다. 이 첫 혁명의 주인공이 은왕조의 첫 번째 임금인 탕湯임금이다. 혁명의 '명命'은 곧 '천명天命'이다. 이는, 왕권은 하늘이 주는 것이라는 왕권천수王權天授의 사상을 정당화하는 것이다. 왕권뿐 아니라 그 사회에서 왕권 이하의 기득권 역시 하늘에 의해 주어진 것으로 정당화되게 된다. '혁革'은 바꾼다는 의미이다. 하늘이 천명을 바꾼다는 의미가 곧 '혁명'이다.

하늘은, 천하를 통치할 덕을 갖춘 이에게 명을 내려 통치자가 되게 하였는데, 만일 통치자가 그 덕을 잃게 되어 통치자의 자격이 없어지게 되면, 하늘이 그 명을 거두어들이고 덕을 갖춘 다른 이에게 그 명을 바꾸어 부여한다는 것이다. 혁명의 주체는 이론상 하늘이지만, 실상은 새롭게 정권을 잡은 세력이 그렇게 정당화하는 것이다.

이 혁명이란 말은 상층부 세력의 정변에 의한 정권교체이므로 '혁명'의 본래 의미는 오히려 오늘날 말하는 '쿠데타'에 해당된다. 결국 혁명은 사실상 소강시대의 세습으로 인해 생겨난 모순을 해결하려는 정치적 행위인 것이다. 그러나 어차피 상층부의 기득권 세력 내에서의 권력교체의 성격을 띠고 있어서 모순의 근본적 해결은 아니다. 왜냐하면 혁명 세력 역시 다시 기득권을 세습, 상속하였기 때문이다.

이렇게 첫 번째로 성공한 탕임금의 혁명을 '역성易姓혁명'이라 하는데, '역성'이란 말 역시 세습적 왕조를 인정하는 전제에서의 표현이다. 즉 가家천하로서의 왕조의 성姓을 바꾼다는 것이다. 하왕조의 성씨를 은왕조의 성씨로 바꾸고 명을 바꾸는 것이므로, 은왕조를 연 탕임금 역시 아무리 잘해도 대동사회가 아닌 세습적 소강사회의 통치자이며 실제 그 자식에게 세습하여 대를 이어 왕조가 계속되었다.

아주 당연하게도 세습과 상속으로 인한 사회 모순은 은왕조에서도 나타나 은왕조 말에 흔히 하왕조의 걸왕과 함께 '걸桀 · 주紂'로서 아울러 일컬어지는 폭군 주왕紂王이 나타나게 된다.[08] 이에 동일한 역사적 현상이 반복되어 주왕을 몰아내는 역성혁명이 일어난다. 그 혁명, 요즈음의 쿠데타를 일으킨 장본인이 주周무왕武王이다. 이때 이 혁명에 협조한 이가 강태공姜太公이며, 반대한 이들이 백이伯夷와 숙제叔齊 형제이다.[09]

무왕이 정변을 일으키기 전 은왕조 말에 은의 주왕紂王이 폭정할 당시, 무왕의 아버지 서백西伯(문왕의 별칭. 서방 제후의 패자覇者라는 뜻)이 이미 백성들로부터 신망을 받고 있었다. 그 점을 정치적으로 우려하고 있던 주왕이 서백을 유리羑里라는 곳에 유폐하기도 했다. 그러나 서백은 아직 주왕을 몰아낼 때가 도래하지 않았다고 판단하였고, 그 후 그 아들인 무왕이 혁명에 성공하여 주왕조를 세우고 나서 그의 아버지 서백을 문왕文王(그의 아들 무왕이 추존하여 일컬은 시호諡號)으로 높여 일컬었다. 그래서 유교에서는 주문왕, 주무왕, 주공을 존중한다.

그런데 『예기』「예운」에서는 여기에 성왕成王까지 합쳐서 그들을 소강사회를 이끈 영걸英傑들로 본다. 성왕은 주무왕의 아들인데, 주무왕이 죽고 왕위에 올랐을 때 아직 나이가 어렸으므로, 당분간 그 숙부인 주공이 섭정攝政이 되었다가[10] 성왕이 성장한 후 권력을 그에게 넘겨주었다. 주공은 주왕조의 체제질서인 '주례周禮'를 확립하였는데, 그는 실제 정치적 실권의 측면에서도 그 영향력이 매우 컸었다.

하나라와 은나라의 말기적 모순은 혁명이라는 정변으로 해결되었다. 이때 정변의 주인공은 훗날 성왕聖王으로 불린, 덕과 정치권력을 겸한 이들이었다. 그런데 주나라의 경우는 그렇지 않았다. 주나라는 역시 이후 그 체제 모순이 점차 드러나 암군暗君 유왕幽王에 이르러 그 모순이 극대화되었다. 이로 인해 내부의 반란과 그 세력들이 끌어들인 외부의 견융犬戎이 합세한 상황에서 유왕은 죽고, 이에 계속된 견융의 침략으로 수도를 기존의 호경鎬京(서안西安 부근)에서 동쪽 낙양洛陽으로 옮긴다.

그래서 서쪽 수도 시대를 서주西周시대, 동쪽 수도 시대를 동주東周시대라 하는데, 이 동주시대가 이른바 '춘추전국시대春秋戰國時代'라 불리는 주왕조체제의 와해시기이다. 이 시기는 주왕조의 기존 질서인 '주례'의 본격적 붕괴시기로서 그 전반기 말인 춘추시대 말만 하더라도 이미 공자의 관점으로 극심한 난세였고, 전국시대에는 그 붕괴가 가속화되었다. 이러한 정치적, 사회적 모순이 드러날 때, 이전에는 탕왕이나 무왕같이 덕과 정치권력을 겸한 어떤 특정한 정치지도자가 나타나 정변을 일으키는 방법으로 이를 해결했다.

그러나 시대는 달라졌다. 지방정권을 장악한 제후諸侯들로서 덕은 부족하나 정치권력이 있는 수많은 세력들이 나타났고, 덕과 지혜를 가진 쪽 역시 다양화되어 수많은 사상가들이 나타났다. 다시 말해, 정치권력의 측면에서는 군웅이 할거하는 시대로서 지방의 제후들이 저마다 천하를 도모했고, 덕의 측면에서는 수많은 사상가들이 나타나서 저마다의 사상으로 천하 모순에 대한 해결방안을 제시했다.

이 사상가들의 무리를 제자백가諸子百家라고 일컬었는데, 이 중 유가의 창시자인 공자는 급진적 혁명의 방법이 아닌

점진적 개혁의 방법을 택했다. 그런데 그 개혁은 새로운 시대의 새로운 가치를 추구하는 방법이 아닌 복고의 방법이었다. 이 복고는 바로 주나라 초기 질서인 '주례'로의 복귀였다.

5. 공자의 소강사회 모순 해결방법 — 주례周禮의 회복, 정명正名, 『춘추春秋』 그리고 대동에의 꿈

주나라 초기는 유가사상에 있어서 중요한 의미를 가진다. 세상이 혼란하지 않도록 질서를 잡고 그 질서를 제도화한 것이 '예禮'이다. 유가사상의 원조인 공자는 이 예를 중시했다. 그는 주왕조시대의 초기 질서가 무너져 내리던 춘추시대 말에 주나라의 지방정부인 노나라에서 태어났다. 그는, 그가 살던 당시 세상을 두고 세상 유지를 위한 기본 질서인 예가 지켜지지 않는 혼란한 시대라고 보았다. 그가 기준으로 삼았던 예는 주나라 초기에 만들어진 '주례周禮'였다.

이미 말하였듯이, 이 주례는 주周무왕이 중국 천하를 장악하여 주왕조가 중앙정부가 된 당시, 무왕의 동생인 주공周公에 의해서 확립되었다. 공자는 이 주례를 당시 사회의 혼란을 해결할 통치제도로 보았다. 공자는 그 당시 사회가 주례를 파괴하여 혼란한 것으로 간주하여, 주나라 초기 질서인 주례로 돌아가자고 주장하였다. 그는 주공을 매우 존경하여 어떤 일이 제대로 풀리지 않는 상황에 있을 때, "오랫동안 꿈에 주공을 다시 보지 못하였다"고 한탄하기도 하였다.

공자의 고국인 노나라는 이 주공을 시조로 하는 나라이다. 그래서 주나라 초기의 문화가 가장 잘 보존되어 있었다고 한다. 이러한 정황들은 『논어論語』를 통해서 알 수 있다. 이러한 취지는 「예운」에서도 보인다. 「예운」의 내용에 따르면, 공자는 소강사회가 시작된 하왕조와 그 후의 은왕조의 예를 알고 싶어 했으나 그 기록이 남아 있지 않아 알 수 없었고, 그가 살던 시기의 주의 예는 기록이 남아 있어 알 수 있으므로, 이 주례를 기준으로 해야 한다고 말하고 있다. 『중용』에도 이런 내용이 있다.

한편 공자의 중심사상 중에는 '정명正名'의 사상이 있다.

정명이란, 말 그대로 '이름을 바로잡는다'는 것이다. 이 사상을 상징적으로 보여 주는 공자의 말은 "군군君君, 신신臣臣, 부부父父, 자자子子"이다. "임금은 임금다워야 하고, 신하는 신하다워야 하며, 아버지는 아버지다워야 하고, 아들은 아들다워야 한다"[11]는 말이다. 전자의 군君, 신臣, 부父, 자子는 주어이고, 후자의 군, 신, 부, 자는 술어이다. 주어인 군, 신, 부, 자의 사회구성원이 술어인 군, 신, 부, 자의 역할을 다하여 그 이름(名)과 실질(實)이 맞아야 한다(명실상부名實相符)고 주장한 것이 '정명'의 사상이다.

다시 말해, 군, 신, 부, 자의 주어에 해당하는 사회구성원이 그 술어에 해당하는 군, 신, 부, 자의 덕을 갖추고 그것을 충분히 발휘해야 사회가 바로 다스려진다는 것이다. 군, 신, 부, 자는 공자가 그 당시 사회구성원 중에 대표적 상징성을 띠는 것으로 간주하여 예例로 든 것이다. 따라서 군, 신, 부, 자뿐 아니라 사회의 모든 구성원이 자신의 역할을 다하게 하는 것이 이름을 바로잡는 '정명'이라는 것이다. 공자가 보기에, 이것은 동시에 예禮 즉 당시의 주례周禮를 지키는 것이었다. 즉, 주례와 공자의 정명론은 상호 결부되는 것이다.

또 공자는 『춘추春秋』라는 역사책을 썼는데, 이 『춘추』는 공자가 주례와 정명의 잣대로 본 역사책이다. 본래 『춘추』는 공자의 고국인 노나라의 역사책이다. 그렇지만 그 내용은 노나라에 관한 것뿐 아니라, 당시 중앙정부인 주왕조를 중심으로 하여 여러 제후국 간에 일어난 일도 기술하고 있다. 공자가 저술한 『춘추』는, 노나라의 역사책 『춘추』의 사료에 공자 자신의 도덕관점, 즉 정명론적이면서 주례 중심인 도덕관점을 적용하여 도덕판단을 내린 것이다. 이것이 흔히 말하는 춘추대의春秋大義, 춘추사관春秋史觀, 춘추필법春秋筆法 운운하는 것이다. 그래서 주례, 정명론, 춘추대의는 서로 연관되어 있는 것이라고 말할 수 있다.

공자의 『춘추』는 매우 함축적이고 간결한 표현으로 되어 있다. 당시 인물들의 행위와 역사적 사건에 대해 공자는 자신의 관점에 따라 평가하였지만, 표현이 구체적이지 않고 함축적이다. 이렇게 함축적인 표현을 이른바 '미언微言'이라 하며, 그 미언에 춘추의 '대의大義'가 함축되어 있다고 한다. 흔히 말하는 바의 '미언대의'이다. 코드code로서의 미언에 대의가 내재되어 있다는 것이다.

이처럼 『춘추』의 원문이 간결하고 함축적이어서 코드에 담긴 그 진의를 알기 어려워, 이러한 코드를 더 구체화하여 해석한 주석서들이 나타나는데, 『춘추공양전春秋公羊傳』, 『춘추곡량전春秋穀梁傳』, 『춘추좌씨전春秋左氏傳』(또는 『춘추좌전春秋左傳』으로도 일컬음)이 그 대표로서 '춘추삼전春秋三傳'이라고 한다. 이 중 미언대의를 중심 테제로 주석한 『춘추공양전』이 한대漢代에 당시 관변학자인 동중서董仲舒(B.C.179~B.C.104)와 같은 이들에 의해 중시되었다. 이 『춘추공양전』에 바탕을 둔 유교사상이 '공양학公羊學'이다.

「예운」이 비록 공자의 사상을 표방하고 있지만 사실상 이후의 시대인 한대漢代에 성립되었다는 설이 있는데, 만일 이 설이 설득력이 있다면 한대의 공양학의 분위기와 상응할 수도 있을 것이다. 이후 후한後漢의 하휴何休(129~182)를 거쳐, 청조淸朝 말 캉유웨이康有爲(1858~1927)가 공양학의 입장에서 『대동서大同書』를 집필하여 이러한 연관관계를 더욱 잘 나타내고 있다.

6. 대동大同, 소강小康, 난세亂世

공자의 관점으로는 주례로서의 기존 질서가 살아 있는 상태가 치세治世이다. 그리고 이것이 무너진 상태를 난세亂世로 규정한다. 공자는 당시의 난세를 치세로 돌리려고 노력했는데, 그것이 곧 주례를 회복하려는 것이었다. 이 치세의 상태는 군군, 신신, 부부, 자자의 '명名'의 '정正함'이 실현된 사회인데, 난세는 이러한 질서가 무너진 '명부정名不正'의 사회 상태이다. 그래서 이러한 명부정의 난세를 난신적자亂臣賊子가 횡행하는 사회, 즉 신하가 임금을 죽이고, 아들이 아비를 죽이는 패륜의 극단적 상황이 나타난 사회라고 하는 것이고, 이것을 공자가 『춘추』를 통해 비판한 것이다.

이처럼 공자시대에 사회의 문제를 진단함에서 나타나는 사회 상태의 구분은 우선 치세와 난세이다. 그런데 「예운」에서는 이 두 사회 상태 중 치세는 소강에 해당되고, 난세는 명확한 명칭 없이 '소강'의 질서가 깨진 상태로 추정적으로 규정된다. 여기에서는 오히려 소강을 넘어선 이상인 '대동'이 강조된다. 사회 상태에 대한 이론이 명확해지는 것은 이후 한대漢代의 유가사상가들에 의해서였다. 한대의 공양학에서는 「예운」의 사상을 더 구체화하여, 사회 상태를 대동, 소강, 난세의 삼단계로 정립하였다.[12]

대동은 궁극적 이상이다. 그러므로 지극히 실현하기 어렵다. 소강사회는 유가사상의 입장에서는 일종의 아亞이상사회이다. 이는 실제 현실에서 논의되기가 쉽다. 사실상 현실에서 이야기될 수 있는 사회적 상황은 소강과 난세로 볼 수 있다. 이때의 소강이 흔히 말하는 치세이므로, 일반적으로 치세와 난세로 말할 수 있는 것을 소강과 난세로 말할 수 있다. 현실사회는 기본적으로 치세와 난세를 거듭 반복한다.

유가사상의 중요한 축을 담당하고 있는 『주역周易』의 입장에서는 이렇게 본다. 양陽으로 상징되는 군자君子가 사회주도권을 잡으면 치세이고, 음陰으로 상징되는 소인小人이 주도권을 잡으면 난세이다. 유가사상의 관점에서, 세상은 군자와 소인의 투쟁으로 치세와 난세를 반복한다. 이 대립을 넘어서는 이상사회는 성인聖人이 다스리는 사회이다. 「예운」에서 말하는 '대동'이 곧 이러한 사회이다. 공자의 관점으로 보면, 군자가 중심이 되어 주례를 실현하는 세상이 소강사회의 치세이다. 그렇지 못한 공자 당시의 세상, 즉 소인이 횡행하여 주례를 파괴한 세상이 난세이다.

그러나 유가사상 밖에서 본다면, 소강의 치세는 기존 질서인 주례의 적용으로 이익을 얻을 수 있는 기득권계급의 이익이 순조롭게 잘 실현되는 세상이라 볼 수도 있다. 특히 세습과 상속을 인정한 측면은 소강사회가 기득권의 유지를 위한 사회임을 더욱 잘 말하고 있다. 당시 시대만 보더라도, 법가法家사상가들은 공자처럼 옛 질서로 돌아가려 하지 않았다. 새로운 시대에 새로운 질서가 필요하다고 주장했다. 법가사상의 대표자인 한비자韓非子(B.C.280~B.C.233, 본명은 한비韓非)는, 시대는 변했는데 유가사상가처럼 옛 질서를 부여잡고 있는 이들을 비꼬아서 '수주대토守株待兎(그루터기를 지키며 토끼를 기다림)'(『한비자韓非子』「오두五蠹」)하는 이들과 같다고 하였다.

그러나 법가 역시 새로운 기득권의 이익을 추구하는 사상으로서, 그 사상을 채용한 진秦왕조 역시 세습과 상속의 또 다른 기득권 세력이었다. 이후 진승陳勝이 오광吳廣과 함께 통일 후의 진왕조에 반기를 들고 "왕과 제후와 장군과 재상에 어찌 씨가 따로 있겠는가!(王侯將相寧有種乎!)"라는, 기존 신분제를 비판한 유명한 선동구를 부르짖으며 반란을 일으켰지만 실패로 돌아가게 되었던 것을 보면 알 수 있다. 설사 그들의 혁명적 반란이 성공하였더라도 아마 그들 또한 새로운 기득권 세력이 되었을 것이다. 왜냐하면 시대를 떠나 인민의 정치의식이 따르지 않는 혁명은 도로에 그치기 때문이다.

이러한 소강사회에 대해 대동사회는 혈연조차도 초월하여 천하구성원이 가족이라는 범주를 넘어서서 서로를 사랑하고 이익을 나누는 사회이다. 소강사회는 이러한 보편적 사랑이 쇠퇴하여 그 사랑이 혈연을 넘어서지 못하는 사회이다. 그래서 그 사랑과 이익이 혈연에 한정되어 세습되고 상속된다. 즉 제 가족만을 사랑하는 것이다. 혈연을 중심으로 만들어진 주의 종법宗法제도가 그것을 상징적으로 말해준다.

난세는 사랑이 더 축소되어 자신만을 사랑하는 사회이다. 부모도 자식도 자신의 이익과 탐욕을 위하여 서로 다투고, 부모는 자식을 버리고 자식은 부모를 버리며, 급기야 서로 죽일 수 있는 사회이다. 요즘 식으로 말하면 오로지 탐욕적 자본의 논리만이 지배하는 사회이다. 이러한 상황은 공자가 보기에 주의 종법제도의 와해이며 난세였다. 「예운」 속의 공자는, 처음에는 먼저 이상인 대동을 말하고 그 상태가 무너져 내리는 과정을 말하였다. 그러다가 이어서 대동 이전의 원시 상태부터 대동으로 진화·발전하는 과정도 이야기한다. 그 안에서 대동은 오히려 정점이고, 대동 이전에서 대동으로 발전하고, 대동 이후에 난세로 퇴화·붕괴되어 간다.[13]

7. 공자가 꿈꾸었던 세상은?

『예기』「예운」의 사상은 그 등장인물로 봐서 공자의 사상으로 표방되어 있다. 그런데, 우리가 『논어』, 『춘추』와 『예기』의 「예운」을 비교해 볼 때 이러한 문헌자료의 모든 사상을 공자라는 한 사람의 것으로 보려고 할 경우 생기는 의문이 있다. 그 내용상의 차이 때문이다. 「예운」에는 공자가 이상으로 생각하는 사회 상태가 '대동'인 것처럼 되어 있다. 그런데 『논어』나 『춘추』의 취지는 '주례'를 사회의 기본 질서로 삼으려는 것이다. 이 사회 상태는 '소강'이다. 그렇다면, 공자가 진정 꿈꾸었던 세상은 과연 어떤 세상인가? 대동사회인가 소강사회인가?

공자는 『논어』에서도 요堯·순舜을 언급하지만, 요순의 시대를 주공의 주례를 기준으로 한 세상만큼 강조하지는 않는다. 대동이니 소강이니 하는 말도 없다.[14] 사실상 「예운」의 대동사회가 실제 공자의 생각인지는 알 수 없다. 공자는, 제자인 자공子貢(B.C.520?~B.C.456?, 성은 단목端木, 이름은 사賜)이 '백성에게 널리 베풀고 민중을 구제함' 즉 '박시제중博施濟衆'을 '인仁'으로 볼 수 있는지에 대해 묻자, 그것은 '인仁'을 넘어서 '성聖'이라고까지 이야기한다. 그러면서 그러한 것은 요임금과 순임금도 이루기 위해 근심했던 목표라고 한다.[15]

그 취지로 볼 때, '백성에게 널리 베풀고 민중을 구제함'이 곧 대동의 이상 같아 보인다. 공자가 언급한 것은 이 정도이지 요순시대가 큰 도가 행해진 대동의 시대라는 말은 없다. 공자는 또 제자인 자로子路(B.C.543~B.C.480, 본명은 중유仲由, 자字는 자로 또는 계로季路. 흔히 자인 자로로 많이 일컬어짐)의 물음에 대해서는, 요순이 이루기 위해 근심했던 또 다른 목표로 '자신을 닦음으로써 다른 사람을 편안하게 한다'는 '수기이안인修己以安人'을 넘어서, '자신을 닦음으로써 백성을 편안하게 한다'는 '수기이안백성修己以安百姓'을 제시했다.[16]

이러한 '박시제중博施濟衆'과 '수기이안백성修己以安百姓'이 대동의 이념과 관련되는 것일까. '박시제중'의 문자적 의미만을 두고 볼 때, 그것이 대동사회를 묘사하는 내용과 부합한다고 볼 수는 있다. 그렇지만, 『논어』의 말들은 공자의 것이라 해도, 「예운」의 내용까지 공자가 말했을까 하는 의문이 든다. 왜냐하면 동일한 인물이 말한 것이라면 그 표현에 있어서도 어느 정도 연관성이 있을 것이기 때문이다. 그래서 생각건대, 「예운」의 대동사상은 어쩌면 '박시제중'의 공자 이념을 후대에 재해석하여 정립한 것이 아닐까 싶다.

그러면, '박시제중'은 어떻게 이룰까. 공자의 생각은 역시 그 관건을 지도자의 도덕성에 두는 것이다. '수기修己'가 곧 그것을 말한다. 이러한 『논어』 속의 공자의 말은 역시 이 책의 주제이면서 『예기』의 한 편인 「대학」의 수신修身, 제가齊家, 치국治國, 평천하平天下의 논리와 상응될 수 있다.

이렇게 '박시제중'과 '수기이안백성'은 대동의 큰 도가 행해지는 자연스러운 통치의 사회분위기와 연계되는데, 그것이 공자가 순임금의 통치방식을 말한 데서 표현된 것이다. 공자는, "아무런 통치행위를 하지 않으면서도 다스림을 이룬 이는 순舜이었던가!(無爲而治者其舜也與!) 무엇을 행할 것이 있겠는가?(夫何爲哉?) 자신의 몸가짐을 공손히 하며 똑바로 남쪽을 향하여 자리했을 뿐이다(恭己正南面而已矣)"(『논어』「위영공衛靈公」)라 했는데, 이것은 곧 앞의 '격양가'를 연상케 하는, 대동사회의 상황을 말한 듯한 분위기다.

그러면 유가적 이상사회에 대하여 『논어』에 제시된 공자의 주장과 「예운」 속의 공자의 주장은 어떤 관련성을 가질까. 유가사상은 공자에 의해 비롯되었으므로 고대의 유가사상 문헌들에 대해 공자를 들먹이며 그에 저자 문제를 관련짓는 경우가 많았다. 그런데 중국의 고대 저술 중 상당 부분이 그 저자로 표방된 사람이 실제 저자가 아닌 경우가 많다. 후대의 저술가가 쓴 책이지만 자신을 저자로 내세우지 않고 이전의 권위 있는 사상가, 지식인의 이름을 내세웠던 것이다. 오늘날 같으면 자신의 '저작권'을 중시하겠지만, 당시에는 자신이 쓴 글이 권위를 가지고 널리 읽히는 것이 더 중요했기 때문이었을 것이다. 이 때문에 실제 저자가 누구인가와 관련하여 학술사에 혼선을 주는 일이 많았다.

공자의 경우를 보면, 그는 자신 이전까지의 중국 문화를 '시詩', '서書', '역易', '예禮', '악樂', '춘추春秋'의 여섯 범주로 나누어 정리하였는데, 이것이 이른바 훗날 '육경六經'으로 불리게 되었다고 한다. 그래서 이들 범주에 관련된 문헌들 속에 공자가 등장할 경우 그러한 문헌들이 공자의 저술이라고 믿기어 온 경우가 많았다. 그러나 후대 학자들의 연구 결과 많은 부분이 공자의 이름에 가탁한 후대의 저술이라고 주장되기도 한다. 심지어 가장 명확하게 공자의 사상을 반영하고 있는 문헌은 『논어』뿐이라고 주장하는 경우도 있다. 『예기』「예운」의 경우는 어떤가.

공자가 지향하는 이상으로서의 대동과 차선으로서의 소강을 담고 있는 「예운」은 그 내용 구성이 공자가 『논어』에서 이야기한 정도의 막연하고 산발적인 정도를 넘어선다. 『논어』의 내용보다 더 구체적이고 그 구성도 더 치밀하다. 이 점은 두 문헌의 내용이 동일한 시간적 상황에서 이루어진 것이 아님을 반증한다. 극단적으로 이야기한다면, 「예운」의 내용은 공자의 것이 아닐 수가 있다는 것이다.

그 증거 중의 하나가 「예운」의 뒷부분, 예의 기원을 이야기하는 부분에서, 공자가 오성五聲, 육률六律, 십이관十二管, 오미五味, 육화六和, 십이식十二食, 오색五色, 육장六章, 십이의十二衣를 운운하는 것이다. 이러한 것은 음양陰陽과 오행五行의 사상을 바탕으로 하면서, 그러한 것을 일 년의 십이 개월과 연관시키는 천문天文, 역법曆法이 반영된 이론인데, 한대漢代에 성행하였다. 그보다 먼저 거론할 것은 음양과 오행의 이론은 처음에는 별도로 이야기되었다가 전국 말에서 한대에 이르는 동안에 결합되었다는 점이다.[17]

「예운」의 내용 구성은 아마도 한대에 이루어졌을 가능성이 크다. 사상적 정황도 그렇다. 대동사상은 천하통일과 평등관념의 분위기가 있는 사상이다. 비록 그 내용은 요순시대를 이야기하지만 사실상 진의 천하통일 이후의 분위기를 반영하고 있다. 진의 천하통일 이전에는 각 지역이 할거하고 있어서 천하를 통일적 관점으로 보는 사상이 미약했다. 그리고 그 당시는 상고시대부터 기득권을 획득한 계층을 중심으로 형성되어 온 기존의 신분제가 춘추전국시대라는 대전환기를 맞이한 상황이었다. 그래서 그때 사회는 기존 질서를 추구하는 세력과 새로운 질서를 추구하는 세력 간의 투쟁과 갈등으로 격동하는 분위기였다.

중국 전체를 통일적 관점으로 보게 된 것은 진의 천하통일 이후이다. 그리고 또 주목할 것은 신분제 측면이다. 앞서 말한바, 진왕조에 반기를 들고 반란을 일으킨 진승과 오광의 "왕과 제후와 장군과 재상에 어찌 씨가 따로 있겠는가!"라는 선동구에서 표출된 정치의식은, 이 반란이 비록 성공하지는 못하였지만, 기존 신분질서에 대한 반기이며, 일종의 평등사상을 나타낸다. '주례'로 대변되는 소강적 질서가 무너진 춘추전국시대를 거치면서 당시 사회에 기존의 신분질서가 고정불변의 것이 아니라는 의식이 싹튼 것이다. 이것은 당시 시대적 분위기의 일단으로 볼 수 있다. 대동의 평등사상은 아마도 이러한 시기를 거치면서 확립된 것으로 보인다.

사실상 이 책의 주제인 『대학』의 사상도 이러한 시대적 분위기와 관련되어 보인다. 만일 「예운」의 대동사상이 원래 공자의 사상일 가능성이 있다 하더라도 「예운」에서 표현하는 내용 그대로는 아닐 것이다. 공자는 그 사상의 싹만 제공하고 이후의 시대를 거쳐 한대에 이르러 그 당시의 학자들이 시대상을 반영하여 구체화한 것일 것이다. 그러나 이보다 가능성이 더 큰 것은 오히려 후대의 학자가 자신의 사상을 공자의 이름에 가탁한 것일 수 있다는 것이다. 왜냐하면 공자는 주례의 질서를 당시의 세상이 회복해야 할 긍정적인 것으로 보았는데, 「예운」에서는 주례를 인정하는 소강사회가 오히려 부정적으로 묘사되어 있기 때문이다.

그리고 그보다 더 본질적인 문제는 공자가 일단 소강사회를 회복하였다가, 단계적으로 대동사회로 진입할 노력을 하기에는 소강과 대동 사이의 본질적 간극이 아주 크다는 것이다. 인간의 탐욕을 인정하고 그로부터 획득된 기득권과 그것의 세습과 상속까지 인정한 소강사회의 지배계급이 자신의 것을 모두 버린 대동사회로 가기에는 그 사이에 펼

쳐진 불연속의 강이 너무 넓다는 것이다. 인간에 있어서 탐욕의 본질은 너무나 심각하기 때문이다.

소강에서 대동으로 가는 길은 주례를 버리는 것이다. 그래서 공자가 주례를 인정했다가 그 주례를 버리고 대동의 사회로 가기를 주장했을까 하는 의문이 드는 것이다.[18] 그래서 이 책에서는, 비록 「예운」의 주인공이 공자로 되어 있으므로 편의상 공자를 거론하지만, 우리는 이러한 여러 가지 불명확성을 고려하고 감안하여 그 내용을 받아들여야 할 것이다.

8. 「예운」에서 말하는 '예禮'의 기원과 의의

이 책에서 말하려 하는 『대학』은, 보통 나란히 거론되는 『중용』과 더불어 여태까지 말한 「예운」과 함께 원래 『예기』에 각각 하나의 편으로 실려 있다가, 훗날 송대宋代에 단행본으로 독립되어, 송대부터 본격화된 유가 심성론心性論의 주춧돌이 되었다.[19] 그래서 많은 사람들은 『대학』과 『중용』을 말하면 먼저 송대 성리학性理學을 떠올린다. 물론 그때의 의미도 검토해야 하겠지만, 먼저 본래 의의부터 살펴봐야 하지 않을까.

그래서 우리가 만일 『대학』, 『중용』의 본래 취지를 알려 한다면 『예기』 속에서 「대학」, 「중용」으로 위치하던 그 의미부터 새겨 봐야 할 것이다. 『예기』는 당연히 '예禮'에 관한 문헌이다. 그렇다면 「대학」, 「중용」 역시 그 출발은 '예'에 연관되어 있을 것이다. 이는 『대학』을 소개하는 이 책에서 굳이 『예기』에 수록되어 있던 「예운」을 그 시작으로 하는 이유 중 하나이기도 하다(필자가 이 책에 이어서 내는 『《중용》 읽기』 역시 이러한 취지와 관련된다).

『예기』는 한漢왕조시대 이전의 유가사상문화를 총결집한 백과전서다. 유가사상은 공자, 맹자, 순자荀子(B.C.313?~B.C.238?, 본명은 순황荀況·순경荀卿) 등의, 춘추시대 말에서 전국시대까지의 초기 유가사상가들의 활동 후, 전국시대를 종결하고 통일한 진秦왕조에 의해서 탄압을 받는다. 대표적인 예例가 이른바 '분서갱유焚書坑儒' 사건이다.

그런데 이 진왕조는 오래가지 못하고 2대 만에 멸망한다. 진승과 오광의 반란이 실패한 후 진왕조에 반기를 든 대표적 두 세력인 항우項羽의 초楚와 유방劉邦의 한漢의 전쟁 끝에 다시 중국 천하를 재통일한 한왕조는 이후 유가사상을 '유교'[20]로서의 통치이념으로 삼고 진왕조에 의해 수난을 당한 유가사상의 문헌들을 다시 복구, 정리한다. 이때 공자의 6개 범주 중 '예'라는 제도적 개념을 중심으로 한 유교문화를 총결집한 것이 『예기』이다.

한대漢代에는 국가적으로 유교경전으로서의 '오경五經'이 중시되었는데 『예기』도 그 하나였다. 이 『예기』는 예에 관한 또 다른 문헌들인 『주례周禮』, 『의례儀禮』와 함께 '삼례三禮'로 일컬어진다. 『예기』라는 문헌이 이루어진 데는 하나의 과정이 있었다. 예를 중시한 공자는 예를 익히고 실천하는 데 심혈을 기울였고, 제자들에게도 그렇게 가르쳤다. 공자 사후에 공자의 가르침은 그 후학들, 즉 그의 제자, 제자의 제자 및 각각의 문하 학자들에 의해 '예'에 관한 설說들이 누적되어 가면서 한대에 이르게 되었다. 한대에는 '유교'가 통치이념이 되어 당연히 이러한 기록들을 종합적으로 정리할 필요가 생겼다.

그래서 무제武帝 때에 하간헌왕河間獻王(?~B.C.130, 본명은 유덕

劉德)이 당시까지 쌓여 온 예의 기록 즉 공자와 그 후학들이 지은 131편의 책을 모아 정리하였는데, 선제宣帝 때 유향劉向(B.C.77~B.C.6)이 214편으로 엮었다. 그 후에 역시 한대에 예를 전문적으로 연구하는 사람들이 나타났는데, 곧 대덕戴德(?~?, 자字는 연군延君)과 대성戴聖(?~?, 자는 차군次君)이다. 대덕은 대성의 작은아버지고, 대성은 대덕의 조카다.

대덕은 예설을 85편으로 골라 엮었는데, 이를 『대대례大戴禮』 또는 『대대례기大戴禮記』라고 한다. 그리고 그 조카 대성이 또 49편으로 줄였는데, 이를 『소대례小戴禮』 또는 『소대례기小戴禮記』라고 한다. 책명이 이러한 것은 대덕을 '대대大戴'라 부르고 대성을 '소대小戴'라 부르기 때문이다. 『대대례』는 지금 40편만 알 수 있다. 오늘날 보게 되는 『예기』 49편은 대성의 『소대례』를 말한다.

『예기』의 대부분의 편篇들은 그 시대적 의미를 지닌 제도, 문물의 기록이다. 따라서 오늘날의 관점에서는 이전의 제도가 어떠하였구나 하는 역사적 의미를 지닐 뿐인 것이 대부분이다. 그런데 그중에는 단순한 제도, 문물의 기록이 아니라 이러한 제도, 문물의 사상적, 이념적 토대 역할을 하는 통론의 부분이 십수 편 있는데, 그중에서도 유교학술사에서 가장 주목을 받는 것이 「대학」편과 「중용」편이다. 이때 「대학」과 「중용」만큼 많이 거론되는 것은 아니지만, 이 「대학」과 「중용」이 지향하는 목표를 제시한 편이 있는데, 그것이 바로 '대동'과 '소강'을 이야기하는 앞의 「예운」이다.

「예운」의 관점에서 보면 인류 초기의 상태는 혼돈의 자연적 무질서다. 이것은 난세의 무질서와는 다른, 질서를 향해 발전을 모색하는 원초적 무질서다. 여기에 질서를 부여한 상태가 곧 '예禮'이다. '예'라는 말은 다양한 함축을 가진다. 추상적으로 말해 '질서'이며, 구체적으로 말해 그 질서를 잡기 위한 '제도'이다. 구체적 제도의 측면에서도 광범한 의미를 가져서, 국가사회를 운영하는 규범, 행사 절차, 행동 매뉴얼, 의복, 기물 등 사회 운영의 모든 면을 포괄한다. 『예기』는 이러한 모든 면에 대한 다양한 기록을 집대성한 것이다.

「예운」은 『예기』 중에서 구체적 제도를 말하는 부분과 달리 '예' 자체의 기원과 의의, 그로 인해 실현되는 이상적 목표를 다룬다. '예운禮運'이란 '예의 운동변화'라는 의미이다.

소강사회를 말하는 부분에서 '예'라는 용어가 강조되지만, 사실상 「예운」에서는 원시 혼돈의 상태에서 '예'가 수립되어 가는 과정과 붕괴되어 가는 과정을 그린다. 그 가장 이상적 확립 상태가 곧 '대동'이다. 대동은 이상적 목표로서의 이념이다. 유가적 사고방식으로는 이 목표를 실현하기 위한 관건을 위정자의 도덕적 역량에 둔다. 인간에게 있어서 도덕적 역량의 이상적 실현 상태가 '성聖'이며 이 상태가 구현된 인간이 '성인聖人'이다. 요와 순은 이 '성'이 인간에게 구현된 인물사례이다.

「예운」에서는 '대동'과 '소강'을 말한 뒤 역시 공자의 주장으로서 우선 '예'의 기원을 시간적, 역사적 측면에서 말하고 있다. 여기서 공자는 '예'가 음식에서 비롯되었다고 서두를 꺼낸 뒤 인류가 아직 원시적 식食생활을 면치 못하고 있을 때로부터 점차 문명화되어 가는 과정을 소박하게 그려 낸다. 즉 식생활의 측면에서 예는 원시적 식생활에서 과학적으로 점차 문명화되어 가는 과정에서 나타난다. 식생활의 문명적 매뉴얼인 것이다. 그런데 이때 공자가 덧붙이는 것은 조상신과 관련된 원시종교이다. 여기서 산 사람의 식생활은 죽은 사람의 영혼과 교감하는 제사祭祀행위와 관련된다. 식생활로서의 예가 자연스럽게 상례喪禮와 제례祭禮로 확대된다는 것이다.

그다음에는 주거住居생활에 관한 것인데, 역시 원시적 주거생활에서 차츰 문명화되어 가는 과정을 그린다. 그리고 의衣생활 역시 이런 측면으로 말한다. 결국 주住생활, 의생활도 원시적 단계에서 문명화로 진행되는 것이 '예'로서 나타나는 것이다. 이러한 것을 또한 원시종교적 예와 연관시킨다. 결국 예는 의식주의 생활에 합리성이 부여되는 문명적 매뉴얼에서 비롯된 셈이다. 그러면서도 역설적으로 문명 이전의 불합리성의 종교와도 연관된다. 이는 유가사상이 이후 탈종교적, 문명적 합리와 종교적 불합리·초합리와 갈등하면서 양자가 역사적으로 길항拮抗관계를 갖는 것으로 나타나게 된다. 어떤 관점에서는 이를 유가사상의 유신론有神論적 측면과 무신론無神論적 측면의 갈등으로 보기도 한다.

사실상 「예운」에서부터 이 두 요소가 복합적으로 나타난다. 「예운」은 예의 기원으로부터 예가 보다 고도화되는 정도까지를 공자의 주장으로 설명하고 있다. 예의 고도화는 원시인이 개인적 삶에서 사회를 구성하고 나라를 형성하여 정치공동체를 만들어 가는 과정이다. 이 측면에서, 「예운」에서는 계속하여 조상신 숭배사상과 애니미즘적 종교사상을 예의 중심에 두고 있다. 그러면서 궁극적으로는 이 예를 정치이념과 제도의 측면에서 합리적으로 이해시켜 나가는 과정으로 말한다.

예의 최종목표는 결국 정치에 있다. 그래서 「예운」에서 "예란 임금의 큰 자루(大柄)이다"라고 한다. '자루(병柄)'는 도구 사용을 위해 장악하는 수단이다. 즉 목표를 달성하기 위한 핵심적 수단을 말한다. 예는 통치자가 정치적 목표를 달성하는 가장 중요한 수단이라는 것이다. 그런데 그 배경에는 종교를 깔고 있다. 이 종교는, 원시시대부터의, 제사장祭司長이 곧 군장君長인 제정일치祭政一致사회에서 시작된 종교이다.

국가라는 본격적 의미의 정치공동체가 성립되기 전의 단순한 씨족사회, 부족사회에서의 정치권력자는 그 권력의 근거를 종교적 권위에서 가져와 피지배자를 세뇌시켰다.

그 종교적 권위가 곧 귀신이다.[21] 이 귀신에는 조상신과 애니미즘의 자연물의 정령도 포함된다. 피지배자는 종교적 권위와 그것을 배경으로 삼고 있는 정치적 권위를 두려워하였다. 제정분리의 사회가 되어도 여전히 정치권력자인 군장은 제사장을 부리며 그 정치적 권위를 정당화한다.

유교가 발생한 중국은 그 최대단위의 정치공동체를 '천하天下' 즉 '하늘 아래'로 일컬었다. 그리고 그 천하를 지배·통치하는 최고권력자를 '천자天子' 즉 '하늘의 아들'이라 하였다. 이 하늘의 아들이 하늘 아래를 다스릴 수 있는 근거는 '천명天命' 즉 '하늘의 명命'이다. 하늘의 아들이 하늘의 명을 받아 하늘 아래를 통치하는 것이다. 천자의 권력을 천天이 보장해 준다는 말이다. 이 천은 최고의 종교권위이다. 그런데 이 천의 관념은 어떻게 유래되었는가. 원시시대부터의 초보적 종교권위인 귀신으로부터 유래한 것이다.

소규모의 씨족사회, 부족사회 때부터 군장의 정치권력은 구성원끼리의 상호 투쟁의 상황에서 생겨나고, 상위의 승리자와 하위의 패배자 사이의 계층, 계급화가 이루어진다. 이는 그대로 수직적 정치조직을 구성하는 토대가 된다. 인간사회의 정치상황과 마찬가지로 정치적 권위의 배경이 된 귀신 사이에도 수직적 계급화가 이루어진다. 이 과정에서 국가의 조상신, 자연신을 섬기는 종묘宗廟와 사직社稷이 생겨난다. 천하는 이 국가들의 정치적 병합체이다. 이때 종교적 정령의 세계에서도 병합이 이루어지는데 최고의 병합체가 곧 '하늘'인 '천天'이다.

「예운」에서는 이러한 종교적 측면과 정치적 측면이 결부되어 종교의식과 정치행위가 불가분의 관계에 있음을 말하고 있다. 예 역시 종교와 정치의 상관관계에서 설명된다. 종교의식의 합당성 여부가 곧 정치행위의 정당성 여부로 말해진다. 종교의식은 인간사회의 위계에 따라 차별적인 예로 정해지고, 위계에 상응하지 않은 종교의식은 곧 부당한 정치행위와 동일시되었다. 천자에게는 천자만이 행할 수 있는 종교의식이 있었고, 제후諸侯와 대부大夫도 각각 그에 합당한 종교의식이 있었다. 『예기』에서 "천자는 천지天地에 제사 지내고, 제후는 사직社稷에 제사 지내며, 대부는 오사五祀에 제사 지낸다"[22]고 하는 것이 그 한 예例이다.

「예운」에서는 그러면서 정치를 애써 종교와 상관없는 정치 그 자체의 의미로서도 이야기하려 한다. 고대 중국에서는, 세계를 주재하는 종교적 실체를 처음에는 '제帝', '상제上帝'로 이야기하였다. 그러다가 주왕조로 넘어가면서 점차 천天으로 이야기하게 된다. 그렇게 되면, 그 천이 종교적인 주재主宰적 존재를 말하는 것이 되기도 하지만, 동시에 자연으로서의 천을 이야기하게 되는 이중의 의미를 가질 수 있다.

상제의 의미를 계승한 주재적 천은 천 단독으로 쓰이는 경우가 많으나, 자연으로서의 천은 땅인 지地와 더불어 쓰이는 경우가 많다. 종교적 의미의 경우에도, 천과 지 모두 자연의 정령과 연관될 때는 병립되기도 하지만, 합리적 사고가 점증되면서 자연현상적 의미로서 천지를 병립하게 된다. 천 단독으로 쓰일 경우에도 점차적으로 이신론理神論(deism)적 천으로 이행해 가다가 결국에는 천 그 자체가 원리가 된다.[23]

「예운」에서 정치를 인간 중심적 관점으로 이해할 때는 완전한 인간으로서의 성인聖人이 중심이 된다. 그래서 「예운」에서 공자는 이렇게 말한다. "성인은 천지에 참여하고 귀신과 나란히 함으로써 정사를 다스린다(聖人參於天地, 並於鬼神, 以治政也)." 그리고 인간 존재를 정의하여, "사람이란 천지의 덕이요, 음양의 교합이고, 귀신의 모임이며, 오행의 빼어난 기운이다(人者, 其天地之德, 陰陽之交, 鬼神之會, 五行之秀氣也)"라고 하며, 또 "사람이란 천지의 마음이요, 오행의 단서이다(天地之心也, 五行之端也)"라고도 한다.

이러한 생각은, 우리가 흔히 말하듯 인간은 만물의 영장이라는 정도를 넘어서서, 천지, 음양, 오행, 귀신의 작용과 동렬에 설 수 있는 지위라는 것이다. 물론 가장 이상적 인간상이며 모범답안인 성인을 표준으로 말한 것이지, 현실적 인간상 아무나를 두고 말하는 것은 아니다(현실적 인간상은 성인을 가능태로서 지향할 뿐이다).

이렇게 대단하게 보이는 인간 존재지만, 정치적 측면에서는 인간사회의 원시 상태란 원초적 무질서의 상태이다. 여기에 통치적 질서를 부여하는 존재가 이상적 인간으로서의 성인이다. 이 성인이 만드는 통치적 질서가 곧 '예'이다. 그런데 이 예는 무턱대고 만들어지는 것이 아니다. 그 원리적 근거가 있다. 인간에 부여되는 질서이므로 그 원리적 근거 역시도 동일한 데서 유래해야 마땅하다는 것이다.

그래서 「예운」에서는 "예는 반드시 태일太一[24]에 근본을 두는데, 나뉘어서는 천지가 되고, 전화하여 음양이 되고, 변화하여 사시가 되며, 펼쳐져 귀신이 되는데, 그 강림하는 것을 '명命'이라 하며, 천에 의해 관장된다. 예는 천에 근본을 두면서 작용하여 땅으로 옮겨 가며, 펼쳐져 일마다 나타나고, 변화하여 때를 따르며, 구체적 상황에 들어맞으니, 그것이 사람에 있어서는 의義가 된다"[25]라고 한다.

9. 『대학』으로 가기

자, 이제 이 책의 본론인 『대학』을 말해 보자. 『대학』을 말하기 전 먼저 「예운」을 말한 것은 『대학』, 그리고 이와 짝을 이루는 『중용』이 지향하는 바가 「예운」에 기술되어 있기 때문이다. 그래서 그 지향하는 바의 목표를 먼저 말한 것이다. 『대학』과 『중용』의 본래 저술목적이 이 목표를 위한 것이라는 생각에서다. 『대학』과 『중용』의 목적뿐 아니라 유가의 문헌은 모두 당연히 유가사상에서 꿈꾸는 이상을 지향하는 것이다. 이상理想은, 그것을 그리는 이가 자신이 처한 현실現實에 불만족할 때, 그 불만족한 부분이 제거된 상태를 꿈꾼 모습이다.

현실에 불만을 가진 사상은 대체로 다음과 같은 구조를 갖는다. 먼저 불만스러운 현실에 대한 진단, 그다음 그 불만의 요소가 제거·해소된 이상의 상태, 다음으로는 현실에서 이상으로 가는 방법. 이 세 가지 구조다. 참고로 다른 사상에 빗대어 말해 보자. 가령 불교佛敎사상의 경우, 현실은 불만스러운 중생衆生의 세계다. 이에 대해 이상은 중생세계의 불만스러운 요소가 제거, 해소된 부처(佛)의 세계다. 불교사상에서 그다음 거론하는 것은 곧 현실에서 이상으로 가는 방법, 즉 중생이 부처가 되는 방법인 성불成佛의 방법이다.

그렇다면 유가사상의 현실과 이상은 무엇인가. 지금까지 이야기해 온 것이 바로 그것이다. 유가사상을 창시한 공자가 말하는 현실은 바로 난세이다. 이상은 바로 대동이다. 그렇다면 유가사상 역시도 현실에서 이상으로 가는 방법을 제시해야 할 것이다. 즉 난세에서 대동으로 가는 방법 말이다. 그 방법을 바로 『대학』과 『중용』에서 제시하고 있다. 『대학』과 『중용』의 본래 취지가 바로 그것이다.

이 점은 『대학』과 『중용』을 특별히 중시한 송대 성리학에 가서도 마찬가지다. 『대학』과 『중용』이 송대 성리학 심성론의 기초가 된 점이 이에 관련된다고 할 수 있다. 왜냐하면 유가사상은 처음부터 문제 해결의 관건이 인간의 도덕주체에 있다고 생각했기 때문이다. 문제의 근본원인을 난세 자체에 두기보다는 그 구성원의 심성에 두었기 때문이다.

이상사회인 대동사회는 요순과 같은 이상적 인간상으로서의 성인이 최고통치자가 되어 다스리는 세상이다. 유가사상에서는, 난세에서 이상사회인 대동사회로 가려면 통치자가 이상적인 인간 즉 성인이어야 한다고 본다. 성인이 된다 함은 곧 심성의 수양과 관련된다. 그 수양의 이상적 결과로서 성인이 되는 것이다. 이 수양은 지도자뿐만 아니라 사회 각 구성원 모두의 문제이다.

그런데 현실의 모순이 극명화된 난세는 인간의 탐욕이 극단적으로 표출된 세상이다. 지도자든 그 외 사회 각 구성원이든 그 심성수양이 붕괴한 극단적 세상이다. 그런데 이 극단적 사회 상태가 대동의 이상적 사회 상태로 일거에 도달할 수 있을까. 당연히 어려운 일이다. 그래서 중간단계를 말한다. 그것이 소강사회다.

소강사회는 사욕私欲을 인정하고 이 사욕의 결과물을 세습, 상속함을 인정하는 사회이다. 그렇다면 난세에서 소강사회까지 회복하였다 한들, 구성원들이 사욕에 이미 물들어 있는데 어떻게 이 사욕을 버리고 대동사회로 갈 수 있을까. 참으로 어려운 일이다. 어려워도 그 방법은 제시해야 유가사상을 제대로 체계를 갖춘 사상이라 할 수 있을 것이다. 바로 그것이 『대학』과 『중용』의 역할이다. 즉 『대학』과 『중용』은 도덕주체가 심성수양을 통해 이 사욕을 없애 점차적으로 이상으로 나아갈 것을 주제로 삼은 것이다.[26] 그 이상이란, 도덕주체의 개인적 이상임과 동시에 그 개인적 이상이 실현된 성인의 다스림을 통한 사회적 이상이기도 하다.

이러한 문제들은 결국 『논어』에 나타나는 공자의 진의가 무엇인가부터 시작해서, 공자가 저자이거나 적어도 공자의 말을 인용하는 내용이 상당 부분인 문헌들의 실제 공자와의 관련성 여부와 관계된다. 이러한 문제는 우리가 여러 경로를 통해 공자의 사상으로 인식하고 있는 내용들이 복잡하게 얽혀 있어서 간단히 정리되기 어렵다. 사실상 여태까지 수많은 학자들이 연구했지만 이러한 문제는 오늘날까지도 깔끔하게 정리되지 않고 있는 실정이다. 『대학』과 『중용』도 역시 이러한 문제 속에 있다. 그래서 이 책에서는 기본 입장을 이렇게 정해 놓고 이야기를 시작하려 한다.

공자의 사상이 가장 명확하게 나타나는 곳은 『논어』이다. 그러나 공자가 그의 제자들이나 그 당시 사람과 대화하면서 표출한 그의 사상이 단지 『논어』의 내용에만 한정된다고는 볼 수 없다. 기록되지 않은 많은 내용들이 있을 수 있기 때문이다. 『논어』의 내용과 그 외 공자의 사상일 수 있는 다른 많은 내용들은, 그를 따르고 지지하는 그 제자들과 후학들에 의해 유가라는 학파를 형성하면서 이루어졌다. 또 그들은 공자를 계승하면서, 그들 역시 자신들이 진단하는 사회의 현실 문제와 그들이 지향하는 이상 및 그 이상을 실현할 방법을 고민하였을 것이다.

이러한 관점에서, 이 책에서는 그들이 고민한 결과물의

상당 부분을 바로 앞에서 이야기한 『예기』와 같은 문헌에서도 볼 수 있을 것이라는 점을 우선 전제한다. 이러한 내용들은 많은 부분에서 기본적으로 공자의 사상을 표방한다. 그러나 어느 정도가 실제 공자의 사상이고, 또 어느 정도가 그 후학들이 첨가한 것인지, 또는 어느 정도가 아예 공자의 이름에 가탁한 후학들의 사상인지 사실상 명확하지 않다. 이미 살펴본 「예운」이 그러하였고, 이제 이야기할 『대학』 역시도(『중용』도) 그런 면을 가지고 있다.

그래서 '공자'가 말했다고 기록된 것은 '논리적 가정'으로 생각하자는 것이다. 즉 '공자가 이렇게 말했다고 하는 것이 사실이라면'이라고 하는 전제에서 어떤 사상을 말할 수 있는가 하는 입장을 가지자는 것이다. 이러한 제 문제를 염두에 두고, 공자가 지향한 진실한 목표가 과연 무엇인가, 『대학』(그리고 『중용』)이 지향하는 진실한 목표가 과연 무엇인가 하는 것도 획일적 단정보다는 있을 수 있는 가능성을 열어놓고 그 사상들을 음미해 보자고 제안한다.[27]

문헌『대학』에 대한 소개

『대학』은 본래『예기』49편 중의 제42편 즉『예기』「대학」편이었다. 그런데 이「대학」편이 구체적 '예禮'를 다룬 다른 편들과 달리 유교의 이념을 다룬 통론적 성격을 지니고 있음이 일찍부터 주목받았다. 한대漢代의 유향劉向이「대학」을 그의『별록別錄』에서 통론류로 분류한 것을 시작으로「대학」은 별도의 관심을 받았다.

그런데「대학」의 내용이 유교사상에서 중요한 의미로 거론되기 시작한 것은 당대唐代의 한유韓愈(768~824, 자字는 퇴지退之)에 의해서였다고 할 수 있다. 그는「원도原道」란 글에서, 요·순에서 공자·맹자에 이르는 유교의 주요 인물의 맥을 유교의 도통道統으로 이야기하면서,「대학」의 정치철학적 취지를 당시 세력을 떨치던 불교佛敎와 도교道敎에 맞설 수 있는 기본 사상논리로 삼았다. 즉 불교와 도교가 비록 마음을 다스리는 사상을 가지고 있지만, 그 성향이 출세간出世間을 지향하는 데 대해, 유교는 직접 현실의 문제를 해결하려는 치국治國·평천하平天下의 사상을 가지고 있기 때문에 「대학」의 사상이 중요하다고 본 것이다.

한유의 이러한 관점은 그다음 송대宋代에 이르러 「대학」을 중요시하는 송대 이학理學의 단서를 열어 놓은 것이라 할 수 있다. 이어 한유의 벗이자 제자인 이고李翶(772~841, 자字는 습지習之)도 「중용」, 『주역』과 함께 「대학」을 중시하였다.

「대학」이 철학사에서 본격적으로 주목받게 된 것은 사실상 송대(북송北宋)에 이르러서이다. 이때는 조정에서부터 「중용」과 더불어 「대학」을 중시하여, 이 문헌들이 새로 등과登科한 진사進仕에게 내리는 임금의 하사품으로서 쓰이기도 했다. 조정의 중신들도 상주문上奏文에 「대학」을 흔히 인용하였다. 『예기』의 한 편인 「대학」이 단행본 『대학』으로서 독립적으로 다루어진 첫 사례는 북송의 사마광司馬光(1019~1086, 자字는 군실君實. 세칭 속수涑水 선생)의 『대학광의大學廣義』이다(그는 「중용」에 대해서도 『중용광의中庸廣義』를 지었다).

그리고 이어 사마광과 같은 시기에 활동한 정이程頤(1033~1107, 자字는 정숙正叔, 세칭 이천伊川 선생. 형 정호程顥와 더불어 이정二程으로 일컬어짐)가 『대학』을 유가철학의 주요 연구 대상으로 삼으면서, 이 문헌은 특히 송대 이학의 핵심적 문헌의 하나로 자리 잡게 되었다. 그는 또 『대학』의 장과 절을 재편집하여 그가 생각하는 『대학정본大學定本』을 만들었다. 그는 『대학』을 '공씨孔氏의 유서遺書' 즉 공씨가 남긴 책이라고 하면서, 이 책은 '처음 배우는 이가 덕에 들어가는 문門(初學入德之門)'이라는 견해를 내었다.

정이의 『대학』에 관한 입장은, 이후 세상에서 주자朱子로 일컫는 남송의 주희朱熹(1130~1200, 자字는 원회元晦·중회仲晦, 호號는 회암晦庵·회옹晦翁)에 의해 채택·수용되어 이른바 '정주학程朱學'의 기본 입장이 되었다.

『대학』이 유교철학사에서 핵심 역할을 하게 된 것은 주희에 의해서이다. 주희는 『대학장구大學章句』, 『대학혹문大學或問』을 짓고, 『대학』을 『논어』, 『맹자』, 『중용』과 함께 '사서四書'라고 불러서, '오경五經' 중심이던 유교경전이 새로운 국면을 맞았다. 주자학적 성리학에서 이렇게 이 사서를 중시함으로 인하여 자연 『대학』의 위치도 부각되었을 뿐 아니라, 주희는 말년까지 이 『대학』의 연구에 심혈을 기울여, 그의 학문체계 자체가 『대학』을 기본 틀로 하게 되었다.

이후 명대에 이르러서는, 세상에서 왕양명王陽明으로 일컫는 왕수인王守仁(1472~1529, 자字는 백안伯安. 스스로 양명자陽明子라 하여 세상에서 양명陽明 선생이라 함)이 이『대학』의 해석을 두고 주희의 견해와 대립함으로 인해『대학』은 주자학과 양명학의 차이를 가름하는 지표가 되었다.

그러면 이『대학』의 저자는 누구인가. 정이는 위에서 보듯이 '공씨의 유서'라고 했는데, 주희는 저자에 관한 문제를 더 구체화했다. 주희는 그때까지 전해지는『대학』에 착간錯簡이 있어 순서가 잘못되었다고 생각하고, 자신이 생각하는『대학』의 내용상의 논리에 따라 새로 순서를 잡았다. 그러고 나서 전체를 '경經' 1장, '전傳' 10장으로 나누어, '경'은 공자의 사상을 제자 중 증자曾子(B.C.506~B.C.436, 본명은 증삼曾參, 자字는 자여子輿)가 기술한 것이라 하고, '전'은 증자의 생각을 그의 문인이 기록한 것이라 주장하였다. 이 근거는『대학』내용 중 '증자왈曾子曰'이란 말이 있다는 것 정도이므로 명확하지는 않다.

그런데 그전 한대漢代의 가규賈逵(175?~228?, 자字는 양도梁道)는 "공급孔伋(B.C.483?~B.C.402?, 자인 자사子思로 주로 알려짐. 공자의 손자)이 송宋(춘추시대의 송)에 궁거窮居하면서 선성先聖의 학문이 밝지 못하고 제왕帝王의 도道가 떨어질 것을 우려하여,『대학』을 지어 날줄(경經)로 삼고,『중용』을 지어 씨줄(위緯)로 삼았다고 하였다"고 했다. 이렇게 보면 앞의 '공씨'가 공자(공구)일 수도 있고, 그 손자인 자사(공급)일 수도 있다. 그러나 현대에 와서 후스胡適(호적, 1891~1962), 첸무錢穆(전목, 1895~1990) 같은 학자들은 『중용』이나 『대학』의 저자는 알 수 없으며, 그 문헌들은 진·한대秦漢代에 나온 것으로 추정했다.

그런데 『대학』이라는 문헌을 편찬한 이가 누구인가 하는 문제와 별개로, 실제 그 내용에 해당하는 사상이 누구의 것인가 하는 문제도 있다. 왜냐하면 편찬자는 그 전대의 어떤 이의 사상을 단순히 기록·전달하는 데 그치는 것일 수도 있기 때문이다. 이런 측면에서 추정해 볼 때, 그 안에는 공자의 사상도, 증자의 사상도, 자사의 사상도 있을 수 있다. 또는 이러한 사람들의 사상의 연장선에서 어쩌면 그 후대인 진·한대의 누군가가 최종적으로 종합하여 정리·편찬했을 수도 있다. 이 책에서는 이런 여러 문제에 대해서 더 추리하기보다는 가급적 '『대학』의 저자'라고 하려 한다.

제1장
수신修身, 제가齊家, 치국治國, 평천하平天下의 사상이란

"너나 잘 하세요." 영화 〈친절한 금자씨〉의 여주인공 금자로 나온 배우 이영애의 대사다. 다시 죄짓지 말라며 두부를 권하는 목사에게 '금자씨'가 한 말이다. 영화 내용과 관련한 이야기를 하려는 건 아니다. 살다 보면 주위 사람들에게 충고나 조언을 할 경우도 있다. 진정으로 다른 사람을 위해서 조언을 하건만 그것을 오지랖 넓은 간섭으로 여긴다면 기분이 어떨까. 도덕적 사안과 큰 관련 없는 정책이나 계획 같은 것이라면 바둑이나 장기의 훈수 같은 것이겠지만, 도덕적 사안일 경우 그 충고자를 보아 하니 그럴 만한 자격이 없다 여겨지면, 충고를 듣는 사람에게는 위선으로 느껴질 수도 있을 것이다. 이럴 땐 단순히 남의 일에 간섭 말라는 정도가 아니라 "너부터 똑바로 해라"라고, 나아가 "너부터 인간이 되어라"라고 할 것이다.

그런데 우리는 세상일에 오불관언吾不關焉의 태도로 살아가는 은자隱者가 아닌 이상 누군가에 대해, 어떤 일에 대해 의견을 표명하지 않기가 어렵다. 우리가 세상의 일원으로서 살아가기 때문에 더더욱 그렇다. 더구나 은자의 사상과 관련되는 도가사상이 아닌, 세상일에 적극 참여하고 나서며 또 나서야 할 사명을 가지고 있다고 여기는 유가사상의 입장에서는 천하에 도道가 행해지도록 나서야 하고 매사에 관여해야 한다.

그런데 유가사상에는 "너나 잘 하세요"라는 말이 그럴듯하게 들리는 사상이 있으며, 또 이 사상이 유가사상의 핵심에 속한다. 우리에게 상식적으로도 널리 알려져 있는 수신修身, 제가齊家, 치국治國, 평천하平天下의 사상이다. 즉, 자신을 닦고, 집안을 가지런히 하고, 나라를 다스리고, 천하를 화평하게 한다는 사상이다. 이 취지를 줄여서 '수기치인修己治人', 곧 '자기를 닦고 남을 다스린다'고 한다.

우리는 앞에서 이미 공자가 '수기이안인修己以安人', '수기이안백성修己以安百姓'이라고 하였음을 보았다. 바로 이 취지다. 유가사상가 스스로가 이미 '내가 먼저 잘 하고 나서 남의 일에 관여한다'고 하지 않는가. 금자씨가 핀잔을 주기 전에 이미 그렇게 생각하고 있는 것이다. 자신을 돌아보며 반성할 것을 스스로에게 주문하는 것이다.

'수신, 제가, 치국, 평천하'의 『대학』 사상! 만일 누군가 유엔에 나가 인류의 평화와 인권을 논하는데, 그 나라를 보니 그 나라의 이익을 위해서라면 언제라도 남의 나라를 침략할 태세가 되어 있고, 그 나라의 국민은 독재와 폭정, 인권탄압에 신음하고 있다면, 그 나라 지도자에게 "너나 잘 하세요"라고 해야 할 것이다.

만일 누군가 한 나라의 지도자가 되고 싶어, 국민 앞에 나서서 자신이 국가와 국민과 민족을 위해 헌신하겠노라고 호언하는데, 그 집안을 보니 부모를 봉양하지 않고 형제와 반목하며 가족을 돌보지 않는다면, 그 사람에게 역시 "너나 잘 하세요"라고 해야 할 것이다.

만일 누군가 욕심과 시기심이 많고 남을 속이고 괴롭히

면서도 자신의 가족들에겐 바르게 살라고 훈계한다면, 그 사람에게 역시 "너나 잘 하세요"라고 해야 할 것이다. 세상에는 위선자가 많기 때문이다.

한편 인류역사상, 그리고 지금도 세상에는 악을 저지르는 수많은 악인들이 있어 왔고 또 있다. 악인이라고까지는 부를 수 없는 정도의 보통의 현실적 인간 존재들도 자신의 탐욕과 이기심 때문에 정도의 차이에 따라 사소하고 작은 잘못에서 보다 큰 잘못을 저지르며 살아간다. 나아가 선인善人으로 평가받는 사람들조차 인간의 근원적 욕망 때문에 때로는 실수로라도 잘못을 하기도 한다. 주위 사람 중에서나 언론보도를 통해서 그러한 사실을 볼 때, 우리는 흔히 그러한 이들의 잘못을 지적하고 비판한다.

그런데 이 경우 우리는 진정으로 그러한 남의 잘못을 지적하고 비판할 자격이 있는 것일까. 또는 과연 누가 나서서 진정으로 다른 사람에게 충고할 수 있을까. 누가 진정으로 세상에 나서서 세상일에 참여할 수 있을까. 우리 현실적 존재들은 거의 대다수가 완벽하지 않다. '털어서 먼지 안 나는 사람은 없다'고 하지 않나. 그런데, 이 점을 생각해 보자. 만일 이 때문에 주눅 들어, 불의를 보고도 다시 한 번 자신을 되돌아보고는, 감히 남의 불의를 비판할 수 없다면 어떻게 될까.

『대학』에서는 평천하 이전에 치국, 치국 이전에 제가, 제가 이전에 수신을 주문한다. 수신, 제가, 치국, 평천하 즉 '수기치인'의 사상은 도덕주체의 도덕성 함양이 현실 참여의 전제조건임을 말한다. 그래서 도덕성 함양의 정도에 따라 현실 참여폭에 대한 자격의 정도도 비례함을 말한다. 이는 현실 참여 전 먼저 자신을 돌아보고, 남에 대해 말하기에 앞서 우선 자신부터 반성하라는 의미의 좋은 사상논리이다. 그러나 세상 사람들의 이 사상에 대한 오해로 이것이 때로는 부정적으로 작용하기도 한다. "너나 잘하세요"라는 핀잔에 완벽하게 대응할 수 있는 사람이 얼마나 될까.

물론 세상에는 하늘을 우러러 한 점 부끄럼 없다고 하는 사람도 실제로 많다. 주관적 가치판단에 의한 자신의 도덕적 소신에 따라서 말이다. 특정 종교에 경도되어 남에게 해를 끼치고도 종교적 논리로 자기합리화하는 사람들이 지금도 지구 상에 얼마든지 있다. 자신의 특수한 개인적 인생관으로, 남들이 무어라 하든 평생 떳떳하게 여기며 사는 사람들도 얼마든지 있다. 심지어 사이코패스는 자신들이 저지른 것이 어떤 것이든 도덕적 양심의 가책을 느끼지 않는다. 이런 도덕적 착각 상태를 말하는 것은 아니다.

지금 여기서 말하는 것은, 인간은 누구나 원초적으로 도덕적 자기오류 가능성을 가지고 태어났다는 것이다. 이 점은 유가에서 이론상 완벽한 인간으로 그려지고 있는 성인聖人도 마찬가지다. 유가의 성인이 종교에서 말하는 신은 아니기 때문이다. 성인도 이럴진대 보통 사람이야 말할 것도 없다.

그런데 누구나 도덕적 오류 가능성을 지니고 있다는 것이 곧 도덕적 오류를 정당화할 수 있다는 말은 아니다. 즉 『대학』의 사상은 선을 추구하는 이들의 도덕적 자기반성의 사상이지, 수신으로 수렴되는 이러한 도덕논리를 악용하여 악인이 자신들의 부도덕을 정당화하거나 물타기 하도록, 다른 사람에 대해 "너나 잘 하세요"라고 하기 위한 사상이 아니라는 말이다.

중요한 것은 선에 대한 지향이다. 누구나 도덕적 오류 가능성을 안고 있지만, 선과 정의를 지향하는가 아닌가는 크나큰 차이이다. 따라서 선과 정의를 지향하는 이들은 그렇지 못한 이들과 마찬가지로 완벽하지 않지만, 여전히 주눅 들 필요 없이 악에 대해 비판할 자격이 있다는 말이다. 그 자격은 우선 선과 정의를 지향한다는 그 동기 자체로부터 오며, 나아가서 그 실천의 도정道程에 올라 있다는 데서 온다. 『대학』은 바로 이러한 것을 말하는 문헌이다.

이전부터 인간은 다양한 각도와 관점에서 그 유형이 분류되어 왔다. 유가사상에서도 인간의 유형을 분류하고 있다. 그런데 그 관점은 도덕적 관점이다. 유가에서 인간유형을 나누는 것은 이전부터 여러 문헌에서 다양하게 나타났기 때문에 특정한 분류법으로 깔끔하게 정리되지는 않는다. 그럼에도 대표적 하나로 들 수 있는 것은 성인聖人, 군자君子, 소인小人의 구분법이다. 이 기준은 무엇인가. 그것은 바로 위에서 말한 것처럼 선과 정의를 지향하는가, 나아가서 그 실천의 도정에 올라 있는가 하는 것이다.

우선 대부분의 사람은 군자와 소인으로 분류된다. 군자가 바로 선과 정의를 지향하고, 그 실천의 도정에 올라 있는 인간유형이다. 소인은 그에 관심이 없거나 적극적으로 그에 반하는 동기를 가지고, 나아가 그것을 실천에 옮기는 인간유형이다. 그럼 성인은 무엇인가. 군자의 최종목표가 되는 인간유형이다. 인간으로서 도덕적 오류 가능성이 있을 수밖에 없는 군자가 자신의 사욕을 극복하여 선과 정의로 나아가 실천에 옮겨, 점차 도덕적 오류를 줄여 가서 궁극적으로는 도덕적 이상의 상태가 된 존재가 바로 성인이다. 『대학』을 비롯한 유가사상의 문헌은 기본적으로 이러한 인간유형의 분류를 바탕으로 성립된다.

그런데 이러한 구분에는 정치적, 역사적 배경이 있다. 처음부터 도덕적 관점에 따라 분류된 것은 아니었다. 특히 군자와 소인은 신분과 계급에 그 유래를 두고 있기도 하다. 그러나 이후에는 도덕적으로 분류되었다. 그 분류를 시도한 이 역시 공자다. 사실상 그 이전에 군자는 지배계층을, 소인은 피지배계층을 포괄적으로 지칭하는 개념이었다.

여기서 지배계층을 중심으로 볼 때, 그 지배계층은 기득권을 가지고 권력과 부를 누린다. 그리고 그들 나름대로 자부심을 가지고 그 사회의 고급 문화 수준과 교양을 가지려

하기도 한다. 동시에 대를 이어 이러한 환경을 누리는 데 유리한 귀족계급이 된다. 그래서 귀족다움의 품위를 유지하려 하기도 한다. 이러한 귀족다움의 품위가 군자다움이 되는 것이다.

이에 대해 피지배계층은 권력과 부로부터 소외되어 있을 뿐만 아니라 기본적 인권조차도 누리지 못하기도 하여, 고급 문화와 교육의 혜택을 받지 못한다. 따라서 환경적 요인 때문에라도 삶에 있어 어떤 고급스러운 품위를 지니기 어렵다. 자연히 말과 행동이 거칠 가능성이 커진다. 이러한 측면을 두고 귀족들은 그들을 천박하다고 하며, 이러한 성향의 사람들을 소인으로 묘사한다. 그리고 이러한 신분도 대를 이어 물려받는 계급이 된다.

그러나 개인의 성품과 언행의 품위가 근본적으로 계급에 따라 나뉘어, 귀족은 당연히 품위 있고 평민 이하는 당연히 천박하다고는 할 수 없다. 오히려 그 반대의 가능성도 있는 것이다. 기득권을 오래 누리는 귀족들처럼 부와 권력의 풍요로움에 오래 노출되고 습관이 들면, 그것을 당연시하여 오만하고 방자해지며 천박한 성품을 가질 가능성이 커질 수 있다. 오늘날의 '현대판 귀족'이 서민 위에 군림하는 '갑질'을 보면 알 것이다. 물론 개인의 성품과 수양의 노력에 따라 품위를 유지하는 귀족도 있을 수 있고, 동시에 '리더' 계급이라는 자부심을 가지기도 한다. 즉, 로마의 귀족처럼 '노블레스 오블리주noblesse oblige'를 가지고 앞장서서 국방의 의무를 지기도 하는 것이다.

이에 대해 평민, 천민 역시 두 가능성이 있다. 날 때부터 천한 신분으로 태어났다는 열등감과 패배감에서 벗어나지 못하여, 주어진 신분을 당연시할 뿐만 아니라 그러한 환경 속 삶에서 인간으로서의 기본적 인권도 자각하지 못할 정도로 자존감을 상실하여 그 내면까지도 노예 상태가 되기도 한다. 이에 자포자기하여 문화 수준과 교양이 저하되고 언행이 천박해질 가능성이 커진다.

그러나 이러한 열악한 상황에서도 오히려 굳은 심지로 분발하여, 자신의 어려운 환경을 하늘의 시험으로 여기고 의지로써 극복하려는 사람들도 있다. 그래서 스스로 인격을 도야하여 자신의 도덕적 성품을 고양할 뿐만 아니라, 다른 사람들을 가르치고 감화하는 도덕적 역량을 가진다.

인류 역사상 훌륭한 성인聖人, 현인賢人들이 대체로 그러한 이들이다. 소수의 이런 이들뿐만 아니라 일반적인 사람들 가운데서도, 자신의 마음을 풍요롭게 하고 선한 의지를 가지고 품위 있는 인생을 유지하며 살아가는 사람들이 많이 있다.

공자는 바로 이러한 측면을 중시하여 군자와 소인을 재정의한 사람이다. 즉, 군자와 소인이란 신분으로 분류해서는 안 되고, 도덕적 관점에서 정의, 분류해야 한다고 보았다. 그의 중요한 제자들 중 자공子貢은 부유한 집안의 자제였지만 다른 제자들은 그렇지 않았다. 그러나 그들은 자신들의 신분과 상관없이 자신을 수양하여 도덕성을 함양하는 길을 걸으려는 '도덕적 관점'의 군자들이었다. 가장 대표적인 경우가 공자의 수제자인 안회顔回(B.C.521~B.C.490, 자字가 자연子淵이라 안연顔淵이라 불리기도 함)였으며, 그는 이후 안빈낙도安貧樂道의 상징으로 이야기되었다.

도덕적 관점에서 군자와 소인을 가르는 기준에는 여러 각도가 있다. 그중의 한 가지가 공자가 말한바, "군자는 의義를 밝히고, 소인은 이利를 밝힌다(君子喩於義, 小人喩於

利)"(『논어』「이인里仁」)라는 것이다. 우리는 세상의 수많은 사람들을 여러 가지 기준으로 분류할 수 있다. 그중 한 가지는, 특정한 개별적 사안이 발생했을 때 그 사람이 어떤 기준으로 행동하느냐는 것이다. 이때 어떤 사람은 내가 지금 이 상황에서 어떻게 하는 것이 옳은가 생각하여 옳다고 여기는 방향으로 행동하지만, 또 어떤 사람은 내가 지금 이 상황에서 어떻게 하는 것이 이로운가 생각하여 이롭다 여기는 방향으로 행동한다. 공자는, 전자는 군자의 성향을 지닌 사람이고 후자는 소인의 성향을 지닌 사람으로 보았다.

이 문제는, 어떤 특정 상황에서 옳음과 이로움에 대한 판단이 보편적 객관성을 지니는가 하는 것은 아니다. 사람마다 개인적 가치관, 나아가서 그 사상과 이념에 따라, 각각 옳음이든지 이익이든지 그 기준과 추구방법도 다르다. 여기서 말하는 것은 이러한 기준이나 추구방법에 관한 것이 아니라, 군자 성향의 사람은 행위를 함에 있어서 옳음에 따르고, 소인 성향의 사람은 이익에 따른다는, 그 행위에 대한 동기를 두고 하는 말이다.

군자가 이렇게 행위를 하는 최종목표는 성인이 됨에 있

다. 이론적 측면에서, 성인은 어떤 행위의 경우도 의로움 즉 옳음에 따르고, 결과적으로도 그것을 완수하는 사람이다. 군자는, 동기는 비록 의로움에 있지만 인간의 원초적 욕구 때문에 자칫하면 의롭지 않음을 저지를 수 있는 도덕적 오류 가능성을 안고 있다. 욕구에 따르지 않았음에도 실수가 있을 수도 있다. 목표가 성인이므로 성인이 되기 전까지는 이러한 오류가 있을 수 있다. 즉 태어나면서부터 성인이지 않은 한 오류 가능성이 언제라도 있다.

유가에서 성인을 모델로 들 때, 공자 당시에는 흔히 요堯와 순舜을 들었다. 요순이 역사적으로 실존했느냐는 것은 다른 측면의 문제이다. 설사 요순이 실제로 존재했었다 하더라도 태어나면서부터 성인이 아닌 바에야 그들 인생 전체를 통해 볼 때 언제라도 도덕적 오류 가능성은 있었을 수 있다.

유가에서는, 공자 이후에는 흔히 공자를 성인의 모델로 들었다. 그런데 공자 역시 오류 가능성이 있는 사람이었다. 실제 공자는, "나는 열다섯에 배움에 뜻을 두고, 삼십에 도덕적 주체성을 확립하고, 사십에 흔들리지 않고, 오십에 천명을 알게 되었고, 육십에 귀로 세상이 하는 말을 듣고도 평안할 수 있었으며, 칠십에 마음이 하고자 하는 바를 따라도 법도를 넘어서지 않았다(吾十有五而志于學, 三十而立, 四十而不惑, 五十而知天命, 六十而耳順, 七十而從心所欲, 不踰矩)"(『논어』「위정爲政」)라고 하였다. 공자의 겸손일 수도 있겠지만, 공자의 인생 전반을 두고 볼 때 실제 그랬을 것이라 본다.

공자가 표현한 성인의 경지는 '마음이 하고자 하는 바를 따라도 법도를 넘어서지 않았다'는 것이다. 이것은, 그 이전엔 마음이 하고자 하는 바를 따라도 법도를 넘어설 경우가 있었다는 점을 반증하는 것이다. 법도는 곧 의로움의 기준이다. 그 역시 칠십이 되기 전까지는 비록 동기는 의에 따랐지만, 결과적으로는 의롭지 않았던 경우가 있었다는 것이다. 즉, 공자는 칠십이 되어서야 성인이 된 것이다. 그 전엔 이론적으로 도덕적 오류 가능성이 있는 군자였던 것이다(어떤 이는 천명을 알게 된 오십에 성인의 경지에 들었다고 하기도 한다).

한 예로 공자는 위衛나라에 갔을 때 위나라의 나이 많은 임금 즉 위영공衛靈公의 젊은 부인인 남자南子의 유혹에 직면하게 된다. 그는 아마도 한 남자男子로서 여자女子인 남자南子를 대하는 데 있어 갈등을 느꼈으리라 짐작된다. 공자가 남자南子를 만나고 온 데 대해 제자인 자로子路가 불쾌하게 생각하여 공자에게 투덜거리자, 공자가 그 일에 대해 변명하는 모습이 『논어』에 있다.[28] 이러한 면모가 공자의 명망에 흠이 된다고는 볼 수 없다.

공자 역시 원초적 욕망을 가지고 있는 인간이다. 다만 마음의 갈등을 겪고 이겨 냈을 뿐이다. 유가에서 말하는 군자 그리고 군자가 목표로 하는 성인도 역시 인간이지 '고목사회枯木死灰'는 아니기 때문이다. 공자 인생의 역정 속에서 스스로 나이별로 이야기하는 바는 그에 해당되는 나이 이전에는 그러한 공력에 아직 도달하지 못했음을 고백하는 것이다. 그러한 과정을 거쳐 70세에야 성인이 된 것이다.

공자 자신의 인생 고백 속에서, 유가에서 말하는 인간 모델, 군자와 성인의 의미를 알 수 있다. 유가의 성인은 나면서부터 범인凡人을 초월한 어떤 종교들의 성인과는 다르다. 그리고 원래 한자어 '성인聖人'의 의미는 유가의 의미가 원의이다. 즉 삶을 살아가면서 행위의 기준을 이익에 두지 않고

의로움에 두어, 평소 인생 속의 수많은 유혹과 싸우면서, 때로는 실수하기도 하는 도덕적 오류 가능성을 안고도 그것을 극복하여, 궁극적으로는 어떤 경우에도 도덕적 잣대에 벗어나지 않는 경지에 이른 이를 '성인聖人'이라 하는 것이다.

다시 수신, 제가, 치국, 평천하의 문제를 말해 보자. 수신에서 제가, 치국, 평천하로 이르는 과정이 바로 군자가 성인으로 향해 가는 단계적 수양과정이다. 여기서 평천하할 수 있는 도덕적 감화력으로서의 덕을 가질 수 있게 된 단계가 성인의 단계이다. 그러므로 수신, 제가, 치국까지의 덕은 아직 성인의 단계로서는 불충분한 군자의 단계이다. 그러므로 도덕적 오류 가능성이 있는 단계이다.

그런데 문제는, 소인은 군자의 이러한 약점을 노린다는 것이다. 소인은, 자신은 평소에 이익만을 행위의 잣대로 하면서, 이익을 위해서는 도덕적 잘못에 아랑곳하지 않고 수단과 방법을 가리지 않으며 행동한다. 그러다가 군자가 어쩌다 도덕적으로 실수를 하기라도 하면, 그 틈을 타 군자를 소인으로 몰아붙이면서 온갖 비난을 일삼는다. 이렇게 되면 군자는 자신의 잘못에 대한 도덕적 수치심으로 괴로워한다. 이때 소인은 군자에 대해, 수신도 되지 않은 소인배가 어떻게 제가, 치국, 나아가 평천하를 하려고 세상에 나서느냐고 비난한다. 양심의 가책을 잘 받는 성품을 가진 선량한 군자는 주눅이 들어 세상에서 숨어 버리고 심지어 자신의 목숨을 버리기도 한다.

그러나 위선적 소인은 군자를 가장하여 세상에 나선다. 그들은 도덕적 잘못에도 양심의 가책을 느끼지 않는다. 악인은 양심의 가책 때문에 자살하지는 않는다. 이렇게 되면, '악화惡貨가 양화良貨를 몰아낸다(Bad money drives out good)'는 경제학의 '그레셤의 법칙(Gresham's law)'이 세상의 도덕적 측면에 적용되게 되는 셈이다. 즉, 악인이 선인을, 소인이 군자를 몰아내는 것이다. 인간사회에 『대학』의 수신, 제가, 치국, 평천하의 잣대를 적용할 때 이 점이 감안되어야 할 것이다.

그럼 수신, 제가, 치국, 평천하의 취지를 어떻게 봐야 하나. 이것은 사실상 실제적 선후관계라기보다는 논리적 선후관계이다. 우선 수신을 두고 말한다면, 군자의 입장에서는 자신의 양심상 수신의 완성에 대한 기준을 엄격하게 적용한다. 그래서 자신이 제가할 만큼 충분히 덕을 함양하지 못했다는 겸손함을 가질 수 있다. 이럴 경우 수신에서 한 발짝도 더 나가지 못하고 갇혀 버릴 수도 있다. 설혹 수신의 완성을 자신한다 해도 그다음 제가에서도 역시 자신이 그 완성단계에 도달했는가를 고민하게 될 것이다. 그다음 치국의 단계에서도 마찬가지가 되어, 그다음 평천하까지 나아가지 못하고 자신의 양심의 틀 안에 갇혀 버릴 수 있다. 그래서 천하를 구제할 만한 성인의 경지가 되고 나서야 처음 수신의 단계에서 한 걸음 앞으로 나아갈 수 있다.

그러나 소인은 다르다. 수신의 단계에서부터 감히 함부로 겸손함이 없이 이미 수신의 완성을 자신하고, 다음 단계로, 또는 단계를 뛰어넘어 세상으로 나아간다. 그래서 악화가 양화를 몰아내게 될 것이다. 『대학』의 수신, 제가, 치국, 평천하를 실제적 선후관계로 보면 이렇게 된다. 이것이 이 사상을 이해할 때의 함정이다. 그래서 『대학』의 수신, 제가, 치국, 평천하는 논리적 선후관계로 봐야 한다는 것이다. 실제적 선후관계로 보면 공자라 하더라도 감히 세상에 나설 수 없을 것이다.

수신, 제가, 치국, 평천하에 따른 덕의 함양은, 군자로서 성인의 단계에까지 가려 하면서 인생 전반을 두고 계속되는 것이다. 그것은, 한편으로는 자신의 사욕과 투쟁하면서, 다른 한편으로는 세상의 소인과 투쟁하는 기나긴 역정이다. 이 역정의 주인공이 바로 군자이다. 군자는 도덕의 실천자이다. 그 목표는 도덕의 완성이며, 그 완성의 모델이 곧 성인이다. 이 점은『대학』,『중용』,『주역』등의 유교경전에 가장 명시적으로 나타나며, 다른 유교경전 역시 전반적으로 이러한 취지를 말하고 있다.

또, 다음과 같은 점도 생각해 볼 수 있다. 만일 한 집안의 지도자에게 집안의 구성원이 "너나 잘 하세요" 하면서 집안의 문제를 지도자의 수신의 미흡함에만 돌릴 수 있을까. 구성원이 협조도 안 해 주면서 말이다. 또 한 나라의 지도자에게 그 나라의 구성원이 "너나 잘 하세요" 하면서 나라의 문제를 지도자의 수신, 제가의 미흡함에만 돌릴 수 있을까. 역시 구성원이 협조도 안 해 주면서 말이다. 또 천하의 지도자에게 그 구성원이 "너나 잘 하세요" 하면서 천하의 문제를 지도자의 수신, 제가, 치국의 미흡함에만 돌릴 수 있을까. 역시 구성원은 협조도 안 해 주면서 말이다.

물론 일차적 책임은 지도자에게 있다. 그러나 한 조직의 모든 구성원은 협조의 의무를 가질 뿐만 아니라, 그 구성원 각자 역시 수신의 주체, 나아가서 수신의 덕이 완성될 경우, 제가, 치국, 평천하의 책임 있는 주체이기도 하다. 그래서 『대학』에서도 천자天子로부터 서인庶人에 이르기까지 수신을 근본으로 한다고 했다.

다시 말해, 지도자가 아무리 노력한다 한들, 한 공동체의 구성원들이 다른 구성원들에 대한 배려 없이 미친 듯이 날뛴다면 어떻게 하겠는가. 비유하자면, 문제학생들로만 구성된 한 학급을 이끌어 가는 담임교사가 아무리 노력해도 그 학생들이 마구 날뛴다면 그 책임을 오롯이 그 교사에게만 물을 수 있을까. 교사에게 교육의 무한책임이 있는 것일까. 그런데 흔히 어떤 공동체든 그 지도자에게 모든 책임이 있는 듯이 말하는 경우가 많다. 이것은 『대학』의 수신·제가·치국·평천하에 대한 이해의 또 다른 함정이다. 그래서 전통사회에서는 이러한 논리로 모든 책임을 임금에게 돌려

임금을 허수아비로 만들며 그들의 기득권을 지키고 개혁을 거부한 권신權臣들도 있었다.

또, 모든 책임이 지도자에게 있다는 논리는, 오히려 강압적 지도자가 선의를 핑계로 자신의 독재를 정당화하는 논리가 될 수도 있다. 즉 구성원들이 아직 계몽되지 않았기 때문에 계몽된 지도자가 모든 책임을 지고 권위적 통치를 할 수 있다는 논리가 되며, 우리 현대사에도 그러한 점이 있었다고 할 수 있다. 책임을 진다는 것은 동시에 권리의 획득 명분이 될 수 있기 때문이다.

그러나 여기서 말하려 하는 바는 지도자의 실정失政과 부도덕, 무책임함을 묻어 두자는 것이 아니다. 여전히 첫째 책임자는 지도자이다. 다만, 『대학』에서 말하는 수기치인의 논리는 모든 구성원에 해당된다는 것이다. 즉 지도자 책임론에서 있을 수 있는 반대의 부작용도 고려해야 한다는 것이다. 유가에서는 성인이 다스리는 사회가 이상사회로서의 대동사회라고 하고 있지만, 성인이 다스림은 이상사회를 위한 필요조건이지 충분조건은 아니다. 구성원 또한 이상사회의 구성원으로서 각자의 역할에 걸맞아야 한다는 것이다.

자, 그럼 이제 이상과 같은 점을 고려하면서 『대학』이 어떤 내용을 갖고 있는지를 구체적으로 탐구하는 여정에 들어가 보자.

제2장
『대학』을 보는 기본 입장

『대학』은 매우 짧은 글로 이루어진 문헌이다. 『대학』이 원래 『예기禮記』라는 문헌 속 하나의 편篇(chapter)이었다는 점도 그것을 말해 준다. 이를 감안한다 하더라도 매우 짧다고 할 수 있다. 그 구조도 매우 간단명료하다. 그런데 이 간단한 글이 훗날 철학사에서 큰 논쟁거리를 낳는다. 가장 대표적인 것이 이학理學과 심학心學, 그중에서도 더 세분해 말해서 주자학朱子學과 양명학陽明學의 차이를 낳는다.

전통적으로 『대학』에 대한 이해에 있어 가장 부각되는 견해차는 바로 이 주자학과 양명학의 해석 차이다. 물론 그 외에도 유교경전 해석사에서 『대학』에 대한 각 학자들의 다양한 견해가 있었다. 그러나 그러한 해석들은 대부분 개인적 해석에 그친 경우여서 주희朱熹(주자朱子)나 왕수인王守仁(왕양명王陽明)의 경우처럼 그 해석의 차이가 철학사에 학파를 형성한 정도는 아니었다.

그래서 『대학』의 사상을 이해하려 할 경우 처음부터 가장 대표적 두 해석관점인 주희와 왕수인의 입장 중 어디에 따를 것이냐는 문제에 봉착하게 된다. 두 입장 중 어느 쪽에 따르느냐에 따라 판이하게 다른 결과를 가져오기 때문이다. 양자 간에는 독일철학자 칸트Immanuel Kant(1724~1804)의 코페르니쿠스적 전회에 비할 수 있는 인식의 차이가 있다.

이미 말한 대로, 북송대의 정이程頤는 "『대학』은 공씨孔氏가 남긴 글로서 처음 배우는 이가 덕德으로 들어가는 문門이다"라고 하였다. 유학에 있어서 기본적으로 정이의 견해에 동조한 주희는 정이의 이 말을 인용하면서 '경經'은 공자의 말을 그 제자의 한 사람인 증자曾子가 기술한 것이고, '전10장傳十章'은, 증자의 뜻을 그 문인門人이 기록한 것이라고 보았다. 주희는, 정이가 말한 '공씨'가 '공자'를 말한 것으로 간주한 것으로 보이지만, 만일 그렇다면 정이는 왜 '공자'

라 하지 않고 존중의 의미가 없는 '공씨'라 했을까는 하나의 의문이다.

『대학』에서는 그 사상적 취지를 총괄하는 총론격에 해당하는 부분이 먼저 나오고, 그다음 그 총론의 구체적 취지를 하나하나 설명하는 각론의 부분들이 나온다. 주희는, 총론격에 해당한다고 보이는 부분은 공자가 말한 것으로 보고 그것을 '경經'으로 일컬었다. '경經'이라는 말은 진리를 담은 내용이라는 것으로서 유학의 진리를 담은 부분이라는 것이다.[29] 그러나 주희의 견해에 어느 정도의 신빙성이 있는지는 알 수 없다. 더구나 경이니 전이니 구분한 것도 원래 있던 것이 아니라 주희의 견해이다.

사실상 『대학』은 그 텍스트 형태 자체부터 하나로 통일되어 있는 것이 아니다. 지금까지 가장 영향력이 있는 형태는 주희가 『대학』 원문에 주석을 가한 『대학장구』본이다. 그러나 이것은 이전에 원래 있던 『고본대학古本大學』과는 다르다. 종이가 발명되고 그 사용이 보편화되기 전에는 대(죽竹)나 나무(목木)를 얇게 깎아 만든 죽간竹簡이나 목간木簡, 또는 비단(백帛)이 기록매체로 많이 쓰였다. 이 중 죽간이나 목간을 기록매체로 쓸 경우, 낱개의 죽간, 목간들을 가죽끈으로 엮어 하나의 책을 만든다.

이렇게 엮는 과정에서도 그 요소가 되는 죽간, 목간들이 잘못 엮일 수 있고, 가죽끈이 낡아 끊어져 이 죽간, 목간들을 다시 엮을 경우에도 잘못 엮일 수 있다. 이것이 곧 '착간錯簡'이라는 것이다. 그러다 보면 흔히 내용의 순서가 바뀔 수 있다. 심지어 일부가 빠져 '탈간脫簡'될 수도 있다. 주희가 보기에 『고본대학』은 이러했을 가능성이 있다는 것이다. 그래서 그는 자신의 생각에 따라 내용을 재정렬하였다. 그렇게 하여 나온 텍스트가 그의 『대학장구』본이다.

이 『대학장구』의 텍스트 형태가 정확한지에 대해서는 논란이 있을 수 있다. 그러나 그것의 정확성 여부는 철학사에서 중요하지 않다고 생각된다. 사실상 주희의 『대학』 텍스트에 대한 견해는 우선 주희의 이학理學적 철학체계가 먼저 있고, 그 철학체계 속에 『대학』이 차지하는 역할이 있으며, 거기에 따라 주희가 생각하는 『대학』의 텍스트 형태가 마련된 것으로 봐야 한다. 주희의 철학체계 역시 기존의 유학 문헌에 영향을 받은 것이기 때문에 완전히 이런 순서라고 보기는 어렵다. 다만 한 철학자의 철학체계가 우선적으로 중요하여 논리적으로 앞설 수 있다는 뜻이다.

『대학』에 대한 왕수인의 견해가 그 당시에 영향력이 있던 주희의 견해와 다름도 역시 왕수인의 심학心學적 철학체계가 주희의 이학적 철학체계와 다르기 때문이다. 왕수인의 경우도 그의 철학체계가 먼저 있고 거기에 따라 『대학』이 해석되었다고 보아야 할 것이다. 주희의 경우 다른 유교경전의 해석 역시 그러한 문헌들과 상호 영향을 주고받으면서도, 논리적으로 그의 철학관점이 우선한다. 왕수인의 유교경전 해석도 마찬가지다.

이전에도 그러했지만, 오늘날까지도 많은 학자들이 주희나 다른 학자들의 견해 중 무엇이 옳은지를 따진다. 하지만 그러한 논란 자체는 무의미할 뿐만 아니라, 논란을 종식시키고 의미를 확정할 경우 오히려 학술사 자체를 무의미하게 만든다. 견해의 차이가 오히려 풍부한 철학사를 만들기도 하는 것이다.[30]

제3장
'대학'의 의미와 '대학지도'

'대학'은 원래 고대의 교육기관이었으며 '소학小學'이라는 그 아래 급의 교육기관을 마친 학생들이 들어가는 곳이다. 사실상 고대에는 지배계층의 자제들 즉 임금의 자제들과 귀족의 자제들이 주로 들어갔다. 임금의 자제들을 중심으로 생각하면 장차 통치자가 되기 위해 습득하는 통치학으로서의 제왕학帝王學을 배우는 곳이라고 말하기도 한다. 이때 '대大'는 '태太'와 통용되어 이전에는 '태학太學'이라 일컬었다. 그래서 '大學'이라 쓰고도 아예 '태학'이라 읽어야 한다는 견해도 있다.

중국이나 한국 또는 베트남의 전통사회에는 '태학'이란

최고 고등교육기관이 있었고, 이후 '국자감國子監'으로도 불린 것이 모두 이 '대학大學'인데, 오늘날의 최고 고등교육기관을 한자문화권에서 '대학大學'이라 부르는 것의 유래도 이것이다. 교육기관으로서의 '소학'도 아직 쓰여, 오늘날 중국에서는 고등교육기관 '대학'에 대해서 초등교육기관을 '소학小學'이라 부르고 있다. 다만 그 사이에 '중학中學'을 안배해 넣고 있다.

이렇게 '대학'을 교육기관으로 볼 때 '대학'에 또 다른 의미가 있게 된다. 교육기관으로서의 '대학'에서 가르친 교육과정 또는 교재가 곧 '대학'이라는 것이다. 문헌으로서의 『대학』의 양을 볼 때 이를 그대로 교육과정 전체로 보기는 어렵지만, 한 과목에 해당되는 교재로 볼 수는 있을 것이다. 또, 이에 상응해서 '소학' 역시 교육기관으로서의 '소학'에서 가르친 교육과정 또는 교재로 볼 수 있다.[31]

이처럼 '대학'이라는 말은 하나의 교육기관 또는 그 교육기관의 교육과정이나 그 교재의 의미를 가지고도 있었지만, 이후 학술사에 있어서는 그러한 의미를 뛰어넘는 학술적 의의를 가지게 된다. 『대학』이 유가철학정신의 핵심을 담고 있다는 이유에서다. 그래서 이후에는 교육기관이나 교육과정이라는 구체적인 것을 넘어서서 추상적인 의미로 '대학'을 해석하게 되었는데, 그것은 주희가 "'대학'이란 '대인大人의 학문'이다"[32]라고 해석함에서 잘 드러난다. 주희와 각을 세웠던 왕수인도 이를 따랐다.

여기서 '대인'은 덕을 가진 인격체의 한 명칭이다. 그런데 어떤 이는 주희가 말한 대인은 소학을 배우는 어린이와 다른 '어른'이고, 왕수인의 경우가 도덕수양과 관련된 인격체로서의 대인을 말한다고 보기도 한다. 그러나 주희나 왕수인이나 모두 대인을 도덕수양의 인격체로 보기는 마찬가지라고 해야 한다. 그것은 그 시대에 대인을 보는 시각과 관련지어 보면 알 수 있다. 대인이 일상생활 속에서는 어린이에 대한 '성인成人'을 말하기도 하고, 중국 전통사회에서는 관리官吏를 존칭해서 부르는 말이기도 하지만, 주희가 말한 대인은 고대로부터 말해져 온 도덕적 인격체를 말하는 것이다. 그러한 의미의 '대인'은 고대의 유가문헌이면서 성리학의 성립에 지극한 영향을 미친 『주역』에 이미 있었다.

『주역』「건괘문언乾卦文言」에 "'대인大人'이란 하늘·땅과 그 덕을 합하고, 해·달과 그 밝음을 합하며, 사계절과 그 차례를 합하고, 귀신과 그 길흉을 합한다(夫'大人'者, 與天地合其德, 與日月合其明, 與四時合其序, 與鬼神合其吉凶)"고 하였는데, 이후 북송대 주돈이周敦頤[33](1017~1073, 자字는 무숙茂叔, 세칭 염계濂溪 선생)는 그의 『태극도설太極圖說』에서 이 부분 중의 '대인'을 '성인聖人'으로 바꿔 인용하였다. 즉 주돈이는 『주역』의 '대인大人'을 '성인聖人'으로 이해했던 것이다.

주돈이의 『태극도설』이 바로 다음 남송대의 주희에게 직접 영향을 미친 것은 너무나도 유명한 사실이다. 주자학적 성리학의 핵심에 바로 이 『태극도설』이 위치하며, 또 이 글은, 주희가 여조겸呂祖謙(1137~1181, 자字는 백공伯恭, 호號는 동래東萊)과 함께 북송대의 주돈이, 장재張載(1020~1077, 자字는 자후子厚, 세칭 횡거橫渠 선생), 정호程顥(1032~1085, 자字는 백순伯淳, 세칭 명도明道 선생. 세상에서 동생 정이와 더불어 이정二程으로 일컬음), 정이程頤의 글을 편집하여 만든 『근사록近思錄』의 제일 첫머리에 나온다. 따라서 주희가 『대학』을 '대인의 학문'이라고 할 때의 '대인' 역시 이러한 맥락의 관점에 서 있다고 봐야 한다.

다시 말해, 주돈이의 사상에 의거하여 볼 때 『주역』의 이치를 통달한 존재가 '대인大人' 또는 '성인聖人'(어른인 '성인成人'이 아닌)이라고 할 수 있다. 그리고 주희의 사상으로 볼 때, 이러한 주돈이의 사상을 수용한 측면에서 『대학』의 수신의 완성자, 그리하여 궁극적으로 평천하할 수 있는 인격체 역시 '대인' 또는 '성인'이라 할 수 있으므로, '대학'은 '대인의 학문'이라 하는 것이다.

왕수인은 "대인이란 천지만물을 한 몸(일체一體)으로 삼는 존재"[34]라고 하였는데, '대학'이란 '대인의 학문'이라고 한 주희의 견해를 부정하지 않으면서, 다만 그의 철학관점에 따른 방식으로 대인을 정의한 것이다. 그가 보는 '대인' 역시 도덕적 인격체이다. 하지만 그럼에도 우리가 생각해야 할 것은, 주희나 왕수인처럼 '대학'의 의의를 규정한 것이 그 시대에 그 나름의 철학적 의의는 있을지 모르나, 그것이 문헌인 『예기』「대학」이 성립될 당시의 의의라고 단정 지을 수는 없다.

다음으로, '대학지도大學之道', 즉 대학의 도는 무엇일까. 여기서 '도'는 길이다. 즉 어떤 목표를 향해 가는 길로서, 결국 방법이 된다. '도'라고 하면, 이 '도'라는 명칭을 전용으로 쓰는 도가道家가 있지만, 유가의 도는 도가의 도와는 다르다. 도가의 도를 잘 나타내는 『노자老子』의 '도'는 현상세계처럼 감각으로 인식할 수 있는, 따라서 말로 표현할 수 있는 그러한 것이 아니다. 감각으로 인식할 수 있고, 말로 표현할 수 있는 것은 현상세계인 '만물萬物'이다. 『노자』의 도는 만물을 초월하면서 만물을 생성해 내는, 인식과 언어의 대상을 넘어선 형이상학적 원리이다.[35]

그런데 유가의 도는 그렇지 않다. 공자가 "아침에 도를 들으면 저녁에 죽어도 좋다(朝聞道, 夕死可矣)"(『논어』「이인里仁」)고 한 그 도는 곧 '길'이다. 사람이 가야 할 길, 행해야 할 길이다. 달리 말한다면 도덕적 진리이다. 그런데 그 진리는 형이상학적 진리가 아니라, 인간행위에 관한 방법적 진리이다. 공자가 알고자 한 것은, 어떻게 하면 천하를 화평하게 할 수 있을까 하는 도덕상의 방법적 진리이다. '대학의 도'가 곧 그러한 것이다. 『대학』에서는 이러한 도가 세 가지에 있다고 하였다. 그것은 '명명덕明明德', '친민親民', '지어지선止於至善'이다. 이 세 가지 길을 가면 천하를 화평하게 할 수 있다는 것이다. 그래서 『대학』의 처음은 다음과 같이 시작한다.

대학의 도는 '명명덕明明德'에 있고, '친민親民'에 있고, '지어지선止於至善'에 있다.

大學之道, 在明明德, 在親民, 在止於至善.

—『대학』「경1장經一章」[36]

'명명덕明明德', '친민親民', '지어지선止於至善'은 여기서 추출한 것이다. 이것이 주희가 말하는 '삼강령三綱領'이다(주희의 보다 정확한 표현은 '이 세 가지는『대학』의 강령綱領이다'라는 것이다). 주희가 분석한『대학』의 철학적 주제들은 학술사에 유명하여 훗날의 유가철학사가 이 관점의 영향을 크게 받았다. 그것은 그가 말한 '경'의 주 내용이자『대학』의 핵심사상인 11개의 주제이다. 곧 방금 말한 '삼강령', 그리고 뒤에 말할 '팔조목八條目'이다.

제4장
삼강령의 첫 번째, '명명덕明明德'

그럼 제일 먼저 나오는 '명명덕'은 무엇인가. '명明'이라는 글자가 두 번 연속해서 나오지만, 앞의 '명'과 뒤의 '명'은 그 품사가 다르다. '명명덕'은 '명'+'명덕'으로서 앞의 명은 동사, 그것도 목적어를 취하는 타동사로서 '밝히다'의 뜻이다. 그 목적어가 '명덕'이다. '명덕'은 '밝은 덕'이다. 이 '명덕'의 '명'은 명사인 '덕'을 수식하는 형용사이다. 따라서 '명명덕'은 '밝은 덕을 밝히다'로 해석된다. 그런데 여기서 '명덕'은 무엇인가. '밝은 덕'이라면서 왜 또 밝혀야 하는가. 이미 밝아 있다는 뜻이 아닌가. 그전에 덕은 또 무엇인가.

『논어』에 보면 공자가 "위정이덕爲政以德(덕으로써 정치를 한다)"(『논어』「위정爲政」)이라 하고 있다. 그래서 흔히 유가의 정치사상을 덕치주의라고 한다. 법가는 법치주의고 오늘날의 정치도 법치주의다. 이것은 정치의 기준을 무엇으로 삼는가 하는 문제다. 덕치주의는 덕을 그 기준으로 삼아 정치를 하는 것이고, 법치주의는 법을 그 기준으로 삼아 정치를 하는 것이다. 덕치주의에서는 위정자의 덕이 정치의 관건이 된다. 그래서 공자가 "위정이덕"이라 하는 것이다. 정치가 잘되고 못되고 하는 것이 위정자의 도덕성과 관련된다는 말이다.

어째서 그런가. 위정자가 올바르면 인민이 그에 감화를 받아 그 위정자를 본받아 잘 따르게 되기 때문이라는 것이다. 이때의 덕이란 위정자가 인민에게 미치는 영향력이다. 즉 도덕적 감화력이다. 법가의 법치주의는 위정자가 도덕적으로 옳든 그르든, 객관적 잣대인 법으로써 다스려야 한다는 것이다. 위정자의 덕에 의존하는 것은 위정자가 임의로 할 가능성이 있으므로 객관적 예측 가능성이 없다는 것이다.

그러나 유가에서는 법령이라는 외부적 규제로 인민을 다

스리면, 인민은 그냥 법망을 피해 가려고만 할 뿐 그들이 도덕적 양심을 찾기는 어렵다고 본다. 그래서 공자는 "정령으로써 이끌고, 형벌로써 가지런히 하면 백성들은 면하려고만 할 뿐 도덕적 수치심을 느끼지 못한다. 덕으로써 이끌고, 예禮로써 가지런히 하면 (백성들은) 도덕적 수치심도 느끼고 바로잡히게 된다(道之以政, 齊之以刑, 民免而無恥; 道之以德, 齊之以禮, 有恥且格)"(『논어』「위정」)라고 한다.

그런데 여기서 보면 공자 역시 전적으로 도덕적 감화력으로만 정치를 해야 한다고는 하지 않았다. 역시 외부 규제에 해당하는 '예禮'를 이야기하고 있다. 그래서 결국 유가의 정치사상은 덕치주의임과 동시에 예치주의이다. 그런데 이 예는 법과 달리 항상 도덕적 근거를 생각하는 규제이다. 우리가 지금 말하고 있는 『대학』(그리고 『중용』)이 담겨 있던 책이 『예기』임은 그것이 단순한 법령 같은 제도의 모음집이 아니라 그러한 모든 것이 도덕적 근거를 가진다는 것이다. 『대학』과 『중용』은 바로 예의 도덕적 근거를 말하는 것이다. 그 도덕적 근거가 내면의 덕이다. 앞서 덕이 도덕적 감화력이라 했는데, 다시 말해 위정자가 인민에게 도덕적으로 영향을 미치는 힘이라는 것이다.

원래 '덕'이란 개념에는 '힘'의 의미도 있다. 이러한 힘은 어디서 오는 것일까. 인간의 외부에서 올까, 아니면 선천적으로 타고나는 것일까. 오랜 세월 동안 유가철학의 주류는, 덕은 선천적으로 타고난다는 것이다. 『대학』, 『중용』의 사상 역시 그러하다. 맹자 같은 사람이 대표적으로 이러한 생각을 가지고 있었다. 그러나 덕은 외부에서 얻어지는 것이라 보는 견해도 있다. 즉, 후천적인 노력과 훈련을 통해서 얻어진다는 것이다. 순자 같은 사람의 견해가 이러한 것이다. 그렇지만 『대학』, 『중용』, 『맹자』에서 볼 수 있는 것은 덕은 얻어지는 것이되, 선천적으로 하늘로부터 얻어지는 것이라는 입장이다. 여기에 '명덕'의 의미가 있다.

사실상 『대학』의 입장에서는 덕 자체가 이미 밝음을 내포하고 있다. 부도덕한 힘이 아니라 도덕적 힘이기 때문이다. 그런데 왜 '밝은 덕'이라 하나. '부도덕한 덕', '어두운 덕'도 있는가. 사실상 그러한 표현은 모순적이다. 그래서 덕이라고만 해도 될 것이다. 따라서 '명명덕'이라 하지 말고, 타동사 '명'과 명사 '덕'의 목적어를 연결, '明+德'이라고 하여 '덕을 밝히다'라고만 하면 안 될까. 일상용어에 '악덕惡德'이란 표현이 있기는 하지만, 덕 자체는 '선'한 것이다. 어쨌든 『대학』의 저자가 '명덕'이란 표현을 썼으니, 굳이 이해하자면 덕을 미화하는 표현이리라. 한대漢代(후한後漢)의 정현鄭玄(127~200, 자字는 강성康成)은 이 명덕을 '지극한 덕(지덕至德)'이란 의미로 이해했고, 주희는 "명덕이란, 사람이 하늘로부터 얻어서, 비어 있듯 신령하고 어둡지 않아서, 온갖 이理가 갖추어져 만사萬事에 응하는 것"[37]이라 하였다.

왕수인의 경우는 이러한 취지를 더 강화한다. 그는 "명덕은 이 마음의 덕으로서, 바로 인仁이다. 인이란 천지만물을 한 몸으로 삼는 것인데, 한 사물이라도 제자리를 잃게 하면 바로 우리의 인에 다하지 못한 곳이 있는 셈이다"[38]라고 한다. 또, 『중용』 제일 첫머리의 '천명지위성天命之謂性(하늘이 명한 것을 본성이라 한다)'과 연계하여서, 성리학에서 말한 '천명지성天命之性'에 따라 우리에게 부여된 것이라고도 한다. 그리고 동시에 그의 주요한 사상적 전제에 따라 맹자의 '본심本心', '양지良知'와 연계한다. 즉 그는 명덕의 의미에, 하늘로부터 부여되어 우리가 본래 가지고 있는 도덕성이라는 측면을 말하는 여러 유교경전의 주장을 취하여 포괄하고 있다. 그러나 이것은『대학』저자의 본래 의도라기보다는 왕수인이 자신의 사상적 전제에 따라 해석한 것이다.

그런데, 이미 이렇게 밝은 덕을 또 타동사 '명明'의 목적어로 삼아 그것을 '밝히다'라고 했다. 이미 밝은 덕을 또 밝힌다니 적절한 표현인가. 예컨대 '밝은 등을 밝히다'는 말이 성립하는가. 꺼져서 어두운 등을 밝히는 것이어야 말이 될 것이다. 만약 등이 이미 밝혀져 있는데 그 빛이 밖으로 드러나지 않도록 가려져 있다면 말이 될 것이다.

그래서 그런지 주희는 '명명덕'을, 가려져 있는 '명덕'을 밝히는 것으로 보았다. "기품氣稟에 의해 얽매여 있고, 인욕人欲에 의해 가려져 있으면 때로는 어두워진다(昏). 그렇지만 그 본체의 밝음은 사라진 적이 없다. 그러므로 배우는 자는 그것이 나타나는 바에 근거하여 마침내는 그것을 밝힘으로써 '그 처음을 회복하여야(復其初)' 한다"[39]고 한 것이다. 즉 꺼져 있는 등이 아니라 본래 켜져 있어서 밝은 등인데, 다른 사물에 의해서 가려져서 빛이 밖으로 나오지 못하는 것을, 그 가리고 있는 사물을 걷어 내 밝은 등이 가진 빛이 밖으로 드러날 수 있도록 한다는 것이다. 그 가리고 있는 것은 '인욕'이다.

왕수인의 논조 역시 이렇다. 왕수인은 "진실로 사욕私欲의 가림(蔽)이 없으면 비록 소인의 마음이라도 그 한 몸의 인仁은 대인과 같다. 사욕의 가림이 조금이라도 있으면 비록 대인의 마음이라도 그 나뉘고 편협함이 소인과 같게 된다. 그러므로, 대인지학을 공부하는 자는 역시 그 사욕의 가림을 제거함으로써, 스스로 그 명덕을 밝혀 천지만물과 한 몸이 되는 본연의 상태를 회복할 따름이지, 본체의 밖에 따로 더 보탬이 있을 수 있는 것은 아니다"[40]라고 하였다.

주희든 왕수인이든 일단 밝은 덕이 인간의 내면에 있다고 전제하지만, 그 밝은 덕 자체가 빛을 잃듯 어두워져서 다시 밝히는 것은 아니라고 생각하는 것이다. 여전히 밝은 상태인데도 그것을 가리는 다른 것 때문에 그 광명함이 드러나지 못하므로, 방해물을 제거하여 다시 밝히는 것이다. 즉 등불이 꺼져 다시 켜는 것이 아니라, 켜져 있는 등불을 가려 빛이 나오는 것을 방해하는 차단물이 있기 때문에 그것을 제거하여 빛이 다시 드러나도록 하는 것이다. 밝은 덕이 드러나지 못하도록 방해하는 것은 기품, 인욕, 사욕이다.

이렇게 보면, 주희든 왕수인이든 불교 같은 분위기를 풍기는 듯하다. 실제 주자학이나 양명학을 비판적으로 보는 이들은 이들 학문이 불교의 영향을 받았다고 주장하기도 한다. 그러나 불교 유입 이전에 『대학』에도 주희나 왕수인의 학설 근거가 될 수 있는 요소가 있었다고 볼 수 있다. 사실상 인간이 생각하는 것은 어디서나 비슷할 수가 있는 것이다.

제5장
삼강령의 두 번째, '친민親民(신민新民)'

삼강령의 두 번째 '친민親民'을 보자. '친민'의 '친親'은 '친하다', '친애親愛하다'의 뜻이다. 그래서 '친민'은 '백성과 친하다', '백성을 친애하다'의 뜻이다. '친'에는 '어버이'의 뜻도 있고, '친족'의 뜻도 있으며, 심지어 현대중국어로는 '입맞추다', '키스하다'의 뜻도 있으니, 어쨌든 '매우 가까이함'의 뜻이 되는 것이다. 그 객체인 대상은 백성이고, 그 주체는 앞의 '명명덕'과 더불어 모두 위정자, 통치자이다.

이렇게 보면 '명명덕'은 통치자 자신의 내면의 도덕성 함양과 관계되고, '친민'은 덕치주의의 유가적 입장에서 그 함양된 도덕성, 즉 도덕적 감화력으로서의 덕의 공능功能이 통치의 대상인 백성에게 그 효과로서 나타나고 발휘되는 것이다. 그 둘을 엮으면 앞서 말한 '수기치인修己治人'이다. 이것을 사람들은 흔히 『장자莊子』에 나오는 '내성외왕內聖外王'(안으로 성인의 경지를 이루고 밖으로 천하를 다스리는 임금의 덕을 갖춘다는 뜻. 『장자莊子』「천하天下」에 나옴)이란 말과 상응시키기도 한다.

그런데 이 '친민'의 해석에 논란이 생기게 되는데, 그것은 북송대의 정이가 제기하여 이후 주희가 받아들인 입장 때문이다. 정이가 '親民'의 '친親'을 '신新'으로 봐야 한다고 주장했기 때문이다. 즉, '친민親民'이 아니라 '신민新民'이라는 것이다. '신민'은 '백성을 새롭게 한다'의 뜻이다. '친親'과 '신新' 두 글자의 모양이 비슷해서 문헌 전승과정에서 오류가 있을 수는 있겠지만, '신新'으로 봐야 할 근거가 있어야 할 것이다.

'신민'이라는 말이 유가철학적 입장에서 근거가 없는 것은 아니다. '신민'에는 백성에 대한 계몽, 교육의 의미가 있는데, 유가철학이 원래 이러한 입장을 가지고 있기 때문이다. 수양이 완성된 성인으로서의 위정자가 먼저 깨달은 자로서 아직 깨닫지 못한 자들을 지도, 교화한다는 것이다.

『맹자』에도 '선지先知'자가 '후지後知'자를 깨우치고, '선각先覺' 자가 '후각後覺'자를 깨우친다고 하였다.[41] 또 정치적 현실에서도 고대에는 피치자인 백성들이 교육을 받을 기회가 상대적으로 적었으므로, 그 교육의 책임이 위정자에게 있음을 강조한 것이기도 하다.

사실상 중국역사를 두고 볼 때, 고대 춘추시대 말에서 전국시대에 걸쳐 제자백가諸子百家가 출현한 것도 국가의 관리官吏들이 자신들이 맡은 직무와 관련된 전문지식을 가지고 민간에 들어가 지식과 정보가 부족한 백성들을 가르침으로써 그 전문분야에 관련된 학파가 생겼기 때문이라는 학설도 있다. 즉, 상고시대에는 백성들이 지식과 정보를 얻으려면 국가의 관리를 통해야 했는데, 춘추전국시대에 이르러 중앙집권세력의 통치력이 약화되어 국가의 기능이 제대로 발휘되지 않자, 일자리를 잃은 관리들이 민간에 흘러들어 가 백성들에게 지식을 전수하면서 교육자의 역할을 하게 되었다는 것이다. 이러한 선두주자가 공자이고 그 학파가 유가이다.[42] 특히 유가가 이러한 면이 강하여 그 사상체계는 정치와 교육을 포괄하고 있다. 그래서 계몽과 교육의 의미를 지닌 '신민'이 정황상 맞을 수도 있다.

그런데 '신민'의 근거가 『대학』 자체에도 있다. 『대학』은 이전의 문헌에서 다음과 같이 인용하고 있다.

> 탕왕湯王의 「반명盤銘」에 "진실로 날로 새로워지면, 나날이 새로워지고 또 날로 새로워진다"라고 하였으며, 「강고康誥」에는 "백성을 새롭게 함을 진작시킨다(作新民)"(또는 새로워지는 백성을 진작시킨다)라고 하였으며, 『시詩』[43]에는 "주周나라는 비록 옛 나라이나 그 명命은 새롭다"고 하였으니, 이렇기 때문에 군자君子는 그 지극함을 쓰지 않음이 없다.
>
> 湯之盤銘曰: "苟日新, 日日新, 又日新." 康誥曰: "作新民." 詩曰: "周雖舊邦, 其命惟新." 是故君子無所不用其極.
>
> —『대학』「전2장傳二章」

여기서 '신新'은 그 대상인 '민民'을 정치적, 교육적으로 새롭게 함을 의미한다. 이처럼 『대학』 자체에 '신민'의 근거가 있다. 그렇다면 『대학』의 원래 판본에 '친민'이라고 되어 있는 것은 잘못된 것인가. 정주(정이와 주희)와 대립하고 있는 왕수인은 이 점에 있어서도 대립하고 있다. 왕수인은 정주와 달리 원래 판본대로 '친민'이 맞다고 주장한다. 그래서 이렇게 말한다.

> '명명덕明明德'이란 천지만물과 일체一體가 되는 체體를 세우는 것이고, '친민親民'이란 천지만물과 일체가 되는 용用을 달성하는 것이다. 그러므로 '명명덕'은 반드시 '친민'에 있게 되며, '친민'은 곧 그 '명덕'을 밝히는(明) 방법이다. 이런 까닭으로 나의 아버지를 친애함으로써 남의 아버지에 미치고, (나아가) 천하의 아버지에게 미친 후에, 나의 인仁함이 실제로 나의 아버지, 남의 아버지 및 천하 사람의 아버지와 일체가 되며, 실제로 그들과 일체가 된 후에 효孝의 명덕明德이 비로소 밝혀진다(明).[44]

그렇다면 앞에서 말한, 『대학大學』 내에 있는 '신민'의 문헌상의 근거에 대해서 왕수인은 어떻게 설명할 것인가? 그는 이에 대해서도 말하는데, 그의 제자 서애徐愛(1487~1517, 자字는 왈인曰仁이고, 호는 횡산橫山. 왕수인의 매부妹夫이기도 함)가 『서書』

「강고康誥」의 '작신민作新民'을 근거로 한 주희의 의견에 근거가 있을 수 있다면서 질문한 데 대해, 이렇게 반박하여 말하였다.

'작신민作新民'의 '신新'은 '스스로를 새롭게 하는 백성(自新之民)'으로서 '재신민在新民'의 '신新'과 다른데 이것이 어찌 근거가 되기에 충분하겠는가? '작作' 자는 그래도 '친親' 자와 서로 대응되지만 '친' 자의 뜻은 아니다. 다음의 '치국평천하治國平天下'의 부분은 모두 '신新' 자에 대해서 밝혀내는 바가 없는데, '군자君子는 그 현賢한 이를 현하게 여기고, 그 친親한 이를 친하게 여기며, 소인小人은 그 즐거움을 즐거움으로 여기고 그 이로움을 이로움으로 여기니, 어린아이를 돌보듯 하여, 백성이 좋아하는 것을 좋아하고, 백성이 싫어하는 것을 싫어하는 것, 이것을 일러 백성의 부모라 이른다'고 이르는 것과 같은 예는 모두 '친' 자의 뜻이다. '친민親民'은 『맹자孟子』의 '친친인민親親仁民'을 이르는 것과 같아서 친親하게 함은 곧 인仁하게 함이다. 백성이 친親하지 않아 순舜이 설契로 하여금 사도司徒가 되게 하여, 삼가 다섯 가지 가르침을 펴시었으니, 이렇게 하여 그들과 친親하게 되었다. 「요전堯典」의 '극명준덕克明峻德'이 바로 '명명덕'이며, '친구족親九族'에서 '평장협화平章協和'까지가 바로 '친민親民'이면서 '명명덕어천하明明德於天下'이다. 또 공자孔子께서 말씀하신 '수기이안백성修己以安百姓'의 '수기修己'가 바로 '명명덕'이고, '안백성安百姓'이 바로 '친민'이다. '친민'이라 말하면 곧 (백성을) 가르침(教)과 기름(養)의 뜻을 겸하는 것이지만, '신민'이라 말하면 곧 한쪽으로 치우친 느낌이 있다.[45]

왕수인과 정이·주희는 『대학』 원문의 '친민'에 대해 이처럼 달리 보았다. 어느 쪽이 옳은지에 대한 물음이 있을 수 있지만, 사실상 이런 물음은 무의미하다. 누가 옳은가를 말하기 전에 양쪽은 모두 자신들의 이론적 전제를 먼저 세워 놓고 거기에 따라 『대학』을 해석하였기 때문이다. 위의 왕수인의 말을 보면, 그는 맹자의 취지를 『대학』에 결부하여 심학적으로 해석하였다. 그래서 '명명덕'은 인仁의 함양의 측면에서 천지만물과 일체가 되는 체體의 측면으로, '친민'은 그것이 효과를 드러내는 용用의 측면으로 보았다. 이 취지에서 『서書』「요전堯典」과 『논어論語』를 위와 같이 인용, 해석하였다. 왕수인이 보기에, 백성을 친애함은 내면의 덕성이 함양된 그 공효가 나타남이며, 그것은 심학적 측면에서 천지만물과 일체가 된 덕성이 드러나는 것이므로, '친민親民'은 그대로 '친민親民'이어야 한다는 것이다. 또 '친민'이라 해야 백성을 교육·계몽함(敎)과 백성을 먹여살림(養)의 의미가 그 안에 포괄되지만, 주희처럼 '신민'이라 하면 한쪽만의 의미가 있다고 주장했다.

제6장
삼강령의 세 번째, '지어지선止於至善'

삼강령의 세 번째인 '지어지선止於至善'은 '지선至善에 머문다(止)'는 말이다. 여기서 '머물다'의 의미인 '지止'를, 주희는 '반드시 이에 이르러 옮기지 않음의 뜻'으로 풀이했다. 『대학』 원문을 보면 『대학』의 저자는 '지止'를 단순히 보지 않았다. 『대학』에서는 '지어지선'의 '지'에 관하여 그 의미를 이전의 용례를 들어서 다음과 같이 말하고 있다.

『시詩』에 이르길, "나라 기내畿內 천리千里여, 백성 머무는(止) 곳이네"라고 하였다.

『시』에 이르길, "꾀꼴꾀꼴 꾀꼬리여, 언덕 모퉁이에 머무네"

라고 하였다.

공자는 (이에 대해) 말하길, "머묾에서 그 머무를 바를 아는구나. 사람으로서 새만 못해서야 되겠는가!"라고 하였다.

『시』에 이르길, "훌륭하신 문왕이여, 아아! 끊임없이 밝고, 공경스럽게 머무는도다"라고 하였으니, 임금이 되어선 인仁에 머무셨고, 신하가 되어선 경敬에 머무셨고, 아들이 되어선 효孝에 머무셨고, 아버지가 되어선 자慈에 머무셨고, 나라 사람과 사귐에는 신信에 머무셨던 것이다.

詩云: "邦畿千里, 惟民所止." 詩云: "緡蠻黃鳥, 止于丘隅." 子曰: "於止, 知其所止. 可以人而不如鳥乎!" 詩云: "穆穆文王, 於緝熙敬止!" 爲人君, 止於仁; 爲人臣, 止於敬; 爲人子, 止於孝; 爲人父, 止於慈; 與國人交, 止於信.

— 『대학』「전3장傳三章」

여기서 '지止'를 말하면서 강조하는 것은 그 지止하는 곳에 대한 당위성의 문제이다. 백성이나 꾀꼬리는 자신이 가장 머물기 적합한 곳, 그래서 머물러야만 하는 곳에 머물러야 한다는 것이다. 그래서 주희는 여기서의 '지止'를 '거居'로 풀이한다. 문왕의 사례에서는 이 점이 더 명확해진다. 인간은 사회 속에서 어떤 관계성 속에 존재한다. 다른 존재와 여러 관계를 맺고 사는데, 각 관계마다 역할이 다르다. 그래서 행해야 할 마땅한 도리도 여러 가지로 다르다.

문왕을 두고 볼 때, 그의 임금의 역할, 신하의 역할, 아들의 역할, 아버지의 역할, 한 나라의 구성원으로서 다른 구성원을 대할 때의 역할 등등으로 다르다. 인仁, 경敬, 효孝, 자慈, 신信은 이러한 관계들 속에서 마땅히 행해야 할 도리들이다. 공자의 정명正名론에서 말하는 구성원의 역할이 연상되는 대목이다. '지止'는 이렇게 '마땅함'을 포함한 '머무름'의 도리의 관점에서 해석된다. 그래서 '지어지선'은 그 번역에 있어서 외견상 '마땅함'이란 표현을 생략한다 하더라도 그 안에 '마땅함'이 포함되어 있고, 『대학』에서는 그 점을 강조하고 있다. 즉, '지어지선'은 '지선'에 '마땅히 머무름'이 되는 것이다.

이처럼 『대학』에서는 이 '지止'를 그냥 스쳐 지나가는 글자로 보지 않았다. 이를 매우 중요하게 여겨, 사람은 이 '마땅히 머무름'을 알아야 하며, 그렇게 마땅히 머무름을 안

후, 결과적으로 얻게 되는 효과까지도 아주 세부적 과정으로 그렸다. 그것은 다음의 문장으로 표현되고 있다.

> 머무름을 안 후에 정해짐이 있고, 정해진 후에 고요할 수 있고, 고요해진 후에 편안할 수 있고, 편안해진 후에 헤아려 볼 수 있고, 헤아려 본 후에 얻을 수 있다.
>
> 知止而后[46]有定, 定而后能靜, 靜而后能安, 安而后能慮, 慮而后能得.
>
> —『대학』「경1장」

『대학』의 이 부분을 볼 때마다 생각하는 건, 이렇게 세분할 필요가 있을까 하는 것이다. 하지만 『대학』의 저자는 이를 중요하게 생각하였다. 여기서 일련의 과정이 부각되는데, 그것은 위 글의 원문에 보이듯 '지止'-'정定'-'정靜'-'안安'-'여慮'-'득得'으로 이어지는 과정이다. '지止'를 알고 나면 '정定'이 있고, '정定'이 있은 후엔 '정靜'할 수 있으며, '정靜'한 후엔 '안安'할 수 있고, '안安'한 후엔 '여慮'할 수 있고, '여慮'한 후엔 '득得'할 수 있다. (여기서 '정定' 앞에 존재의 동사 '유有'가 있으

므로 '정定'은 명사이다. 그 이후엔 모두 조동사 '능能' 다음에 오는 본동사로서의 동사이다.)[47]

'지止'를 알면 결국 최종적으론 '득得'할 줄 알게 된다. 과정을 베풀어 놓았지만 그게 그거 같다. 그렇지만 『대학』의 저자는 미세한 심리적 추이과정에 관심을 가졌다. '지止' 하나만 두고 보면 이는 '머묾'의 동작만을 말한다. 어디에 머물까 하는 '그곳'의 부분은 최종적으로 나오는 '득得'이다. '득'이 있음도 아니고 '득'할 수 있음이란 동작이다. 어디에 머물까 하는 그 지점을 얻는 게 목적이 아니라 언제 어디서나 그 상황에 따라 '득'할 능력이 생김을 말한다. 그 능력이 생기는 과정을 중간에 길게 서술한 셈이다. 최종적으로 '득'함을 이렇게 그 '지止'할 곳을 득함(得其所止)이라는 의미로 본 것은 주희의 해석에 따른 것이다.

그러나 여기서는 달리 보고 싶다. 머물 곳이 있게 된 것은 처음 '知止而后有定'에서 이미 이루어졌다고 보아야 할 것이다.[48] 그다음 과정은 머물 곳을 알게 된 효과로 이루어지는 후속과정이다. 정定함이 있음이 곧 머물 곳이 확정됨이다. 예컨대 문왕이 임금으로서 머물 인仁이 있음이 확정

된 것이다. 그렇게 되면 심리적 상태는 고요해진다. 이 반대는 움직임(動)이므로 움직임이 없이 고요해지는 것이다. 마음이 동요하지 않는 것이다. 그렇게 되면 편안해진다(安). 그 반대는 불안不安이므로 이러한 불안한 마음 상태 없이 진정되는 것이다. 이런 심리 상태에서라야 깊이 생각하여 헤아려 볼 수 있는 것이다. 즉 여慮의 단계이다. 그 반대는 사려 깊지 못한 것이다. 이렇게 잘 헤아릴 줄 알면 최종적으로 얻을 수 있다.

이때, 무엇을 얻는단 말인가. 어떤 구체적이고 특정한 것을 얻음을 말하는 것이 아니다. 머물러 있어야 할 곳에 있으면서 마음을 안정시켜 긴장을 풀고 편안하게 깊이 생각하여 최종적으로 얻는 것은, 자신이 처한 상황에서 어떻게 대처할 것인가 하는 처신의 정책적 방법이다. 그것은 문왕으로 두고 보면 임금으로서, 신하로서, 아들로서, 아버지로서, 나라 사람의 일원으로서 처한 상황에 따른 대처방법을 얻는 것이다. 다시 '지어지선'에 돌아가서 말한다면, 지선에 머물 경우, 일련의 심리적 과정을 거쳐 최종적으로 '명명덕', '친민'할 수 있는 능력을 얻게 되는 것이다.

여기서 '지선至善'은 무엇인가. 말뜻으로는 '지극한 선'이다. 더할 나위 없는 최고의 선이다. 칸트의 '최상선', '최고선'을 연상하게도 하는 용어다. 물론 해당 사상체계 내에서의 의미역할은 다르다. 주희는 '지선'을 '사리당연지극事理當然之極'이라 풀이했다. '일의 이치가 마땅한 정도의 최고 준칙'이란 말이다. 그는 이 의미를 앞의 '명명덕', '신민'(그에 있어서는 '친민'이 아닌)과 결부하여 말하였다. '명명덕', '신민'이 마땅히 이르러 옮기지 않아야 할 최고 수준의 준칙을 '지선'으로 보았다.

주희가 이렇게 본 것은, '명명덕'과 '신민'을 실현함에 있어서 그러한 것이 지극히 선한 정도가 되어야, 그가 흔히 말하는 천리天理의 지극함을 다하여 털끝만큼의 인욕人欲의 사사로움(私)도 없게 되기 때문이란다. '명명덕'과 '신민'이 현실에서 제대로 실현되지 않는 것은 '인욕' 때문이므로, '지선'이라는, 선의 최고 수준에 이를 때라야만 인욕이 따라붙지 못한다는 것이다.

그런데 역시 왕수인은 다르다. 그는 이를 그의 심학적 전제에서 해석한다. 그의 심학은 철학사적으로 멀리 맹자의 사상에 연원을 둠을 표방하고, 가까이는 남송시대 주희와 대립한 육구연陸九淵(1139~1193, 자字는 자정子靜, 호號는 상산象山이므로 흔히 육상산陸象山이라 일컬음)의 심학을 계승하는 입장에 있다(그러나 스스로는 맹자를 직접 계승한다 여긴다).

이러한 심학은 도덕실천자로서의 인간의 도덕주체성을 자각하는 철학이다. 왕수인 심학에 있어서 그 도덕주체성의 핵심주체는 맹자의 마음(心)이며 양지良知이다. 이렇게 맹자의 사상과 『대학』의 사상을 연계하는 것이다. 왕수인은 "지선이란 마음의 본체이다"라고 한다. 핵심주체로서의 '마음(心)' 안의 더 깊숙한 핵심이 '지선'이다. '명덕'과 '친민'도 이에 근거한다.

왕수인은 한편으로는 "지선은 명덕과 친민의 극칙極則이다"라고도 하며, "명덕의 본체로서, 곧 이른바 양지이다"라고도 한다. 그러면서 "천명天命의 성性은 순수지선純粹至善하다. 그것이 총명하고 뚜렷하여 어둡지 않음은 그 지선의 발현이다. 이는 바로 명덕의 발현이며 이른바 양지이다. 지선이 발현하면 옳은 것은 옳다고 판단하고, 그른 것은 그르다고 판단하여, 가볍거나 무겁거나, 두텁거나 얇거나 느끼는

대로 반응하며, 끊임없이 변동하더라도 모두 스스로 천연天然의 중中을 가지니, 사람의 행위준칙과 사물의 존재법칙의 최고 기준이면서도, 그 사이에 조금이라도 의도적인 증감을 허용치 않는다. 조금이라도 의도적인 증감이 있다면 곧 사사로운 뜻이나 잔꾀이지 지선을 말함이 아니다"[49]라고 한다.

주희는 인간을 포함한 만물의 존재원리이며 생성원리인 초월적, 객관적 이理를 그 철학의 최고 전제로 삼았다. 이 이理는 인간에 대해서는 인간의 도덕주체 바깥에 있는 도덕형이상학의 준칙 역할을 한다. '지선'은 바로 이 이理의 도덕철학적 측면의 외재적 속성이다. 반면 왕수인은 이 지선이 곧 마음의 본체라고 한다. 지선은 도덕주체의 내재적 속성이다. 주희가 말하는 도덕준칙인 이理는 외재적인 것이라고 비판하고, 이 이理는 마땅히 내재적인 것이라야 한다고 주장한다. 육구연의 '심즉리心卽理' 명제를 계승한 것이다. '심즉리'는 글자 그대로는 '마음이 곧 이理다'라는 것이지만, 엄밀히 말하면 도덕주체인 마음에 도덕준칙으로서의 이理가 내재해 있다는 것이다.

우리가 성리학性理學이라고 일컫는 주희의 이학理學은 일체의 우위에 서 있는 객관적 이理를 주장하기 때문에 체제 이데올로기화하기 쉽다. 실제 성리학은 그런 역할을 했다. 중국에서 그리고 특히 한국에서, 계급적 신분사회였던 중세의 이념적 도구 역할을 했다. 지선의 이理는 모두가 따라야 할 객관적 준칙이라는 명분으로 당시 기득권층의 이익을 옹호하였다. 개별자의 주체적 자각은 억압되었다.

반면 왕수인의 심학은 지선의 이理가 주체에 내재해 있으므로 도덕주체의 자각을 중시하는 사상이다. 명덕, 양지 등은 모두 도덕주체의 또 다른 이름의 역할을 부여받았으며 성리학의 중세적 이념에 대응하여 자각하는 근대적 주체의 의의를 지녔다. 맹자는 "만물은 모두 나에게 갖추어져 있다(萬物皆備於我矣)"(『맹자』「진심盡心 상上」)고 했는데, 이 말은, 심학이 그들에게 유학적 정통성이 있다고 주장하는 근거명제의 하나가 되었다.

이학과 심학 어느 쪽에 유학의 정통성이 있는지를 떠나 철학사적으로 육구연의 사상은 중국 근대정신의 시작이었다. 육구연은 여조겸呂祖謙의 주선으로 주희와 아호鵝湖[50]라는 데서 만나 논쟁했다. 아호의 만남은 중세와 근대의 만남이었다. 왕수인은 육구연에서 시작된 근대정신을 본격화한 것이다. 이후 양명학은 그에 의해, 스스로 자각하고 스스로 행동하며 구체적 사안에서 문제를 인식하고 해결하는 정신으로 부각되었다. '지선'은 주체에 있기 때문이었다. 그러나 그 주체가 어떻게 보편타당성을 확보하는가, 저마다 생각하는 것이 보편적 '지선'으로 정당화될 수 있을까 하는 것은 중요한 도덕철학적 과제가 된다.

『대학』에서 보는 '지선'의 원래 의미가 어떻든 간에, 그 의미에 대한 훗날의 해석은 해석자의 사상적 전제가 우선시되면서 그 전제에 따른 해석이 된 것이다. 화가가 그린 그림이 전람회장에 걸리고 나면 이미 그 그림의 의미는 화가의 의도가 무엇이든 간에 보는 이의 시각에 따라 의미가 부여되는 것처럼 말이다.

그런데 이학적 해석이든 심학적 해석이든 그 신봉자들이 생각하는 지선의 내용은 유교의 경전이었다. 이학은 외부의 이理를 구함에 있어 그 내용은 오경五經과 사서四書를 표준으로 삼았다. 또 심학이 심 내부의 이理를 구하려 한다 할 때의 그 내용 역시 공자가 정리했다는 육경六經이었다.[51] 문헌으로서의 육경에서가 아니라 우리 마음에서 주체적으로 육경의 진리를 구할 수 있다는 것이었다.

심학은, 그들의 표현대로 하면 '활발하게 살아 있는(活潑潑)' 양지에서 진리를 구하려 한 것이다. 그런데 문제는 유교 밖에서 본다면 그것이 시대와 지역을 초월한 보편타당한 지선의 진리는 아니었다는 점이다. 그 학문 방법과 태도로 볼 때는 근대적 사유를 이끌 싹은 보였으되, 유교적 틀을 벗지는 못한 것이다. 이것이 심학의 한계다.

이학자든 심학자든 그들이 그들의 사상체계를 명분 삼아 추구한 것은 그들 시대의 예禮였다. 이전 공자의 시대에는 그 시대의 예를 추구하였듯이, 이학이든 심학이든 그 시대에는 또 그 시대의 예를 추구함이 그들의 목적이었다. 그러나 유교라는 특정 이데올로기의 틀을 벗어나서 논할 경우, 그들의 이러한 사상은 가변적인 시대와 지역을 떠난 보편적 가치를 찾을 수도 있다.

제7장
'팔조목'의 분류와 생각해 볼 문제

이상은 주희가 『대학』의 '삼강령'이라 분류한 것들에 대한 의미 탐색이다. 주희는 이 '삼강령'에 이어지는 여덟 가지의 주제들을 '팔조목八條目'이라 분류하였다(주희의 보다 정확한 표현은 '이 여덟 가지는 『대학』의 조목條目이다'라는 것이다). 팔조목에 관한 내용은 이렇게 시작된다.

옛날의, 천하에 밝은 덕을 밝히려 하는 이는 먼저 그 나라를 다스렸다. 그 나라를 다스리려 하는 이는 먼저 그 집안을 가지런히 하였다. 그 집안을 가지런히 하려 하는 이는 먼저 그 몸을 닦았다. 그 몸을 닦으려 하는 이는 먼저 그 마음을 바르게 하였다. 그 마음을 바르게 하려는 이는 먼저 그 뜻을 성실하게 하였다. 그 뜻을 성실하게 하려는 이는 먼저 그 지知를 이르게 하였다. 그 지를 이르게 함은 물物을 격함에 있다.[52]

ⓐ 古之欲明明德於天下者, 先治其國. 欲治其國者, 先齊其家. 欲齊其家者, 先修其身. 欲修其身者, 先正其心. 欲正其心者, 先誠其意. 欲誠其意者, 先致其知. 致知在格物.

—『대학』「경1장」

여기서 얻을 수 있는 주제 여덟 가지를 원문에 따라 표현해 보면, 첫째 '명명덕어천하明明德於天下', 둘째 '치국治國', 셋째 '제가齊家', 넷째 '수신修身', 다섯째 '정심正心', 여섯째 '성의誠意', 일곱째 '치지致知', 여덟째 '격물格物'이다.

이 '팔조목'을 담고 있는 문장의 논리에는 하나의 특징이 있다. 모두 각각의 전자를 행하려 하면 그 바로 다음의 후자를 먼저 해야 함을 주장하는 것이다. 각각의 후자가 전자의 선결조건이라는 것이다. 이렇게 선결조건을 이야기하며 거슬러 올라가면 최초의 선결조건인 '격물'에 이른다. 그렇기 때문에 가장 먼저 말하는 '명명덕어천하'를 행하려면 결국 최초의 선결조건인 '격물'에서 출발해야 하는 것이다. 이에 따라, 최초로 행해야 할 이 '격물'이 수행되고 나면 그다음은 당연히 '치지'의 순서가 되는 것이다.

그리고 『대학』에서는, 최초 선결조건인 '격물'이 이루어지고 나서, 또 그다음 '치지'가 이루어지며, 그러고 나서 계속 그다음 단계가 행해지는 것을 앞에서 이야기한 역순으로, 이 또한 연쇄적으로 이야기하고 있다. 그것이 바로 다음에 이어지는 『대학』의 글이다.

> 물이 격해지고 난 후에 지가 이르게 된다. 지가 이르고 난 후에 마음이 바르게 된다. 마음이 바르게 되고 난 후에 몸이 닦인다. 몸이 닦이고 난 후에 집안이 가지런해진다. 집안이 가지런해지고 난 후에 나라가 다스려진다. 나라가 다스려지고 난 후에 천하가 화평해진다.
>
> ⓑ 物格而后知至. 知至而后意誠. 意誠而后心正. 心正而后身修. 身修而后家齊. 家齊而后國治. 國治而后天下平.
>
> —『대학』「경1장」

먼저 '천하' 문제에서 '물'의 문제로의 일련의 연쇄논법을 구사한 원문 ⓐ와, 다시 '물'에서 '천하'로 향해 반대 방향으로 진행해 간 원문 ⓑ를 비교해 보자. ⓐ는 모두 '주어-동사-목적어'의 순이다. 그중 '동사-목적어'를 보자. 여기에서의 동사는 목적어를 취하므로 타동사이다. 그런데 원문 ⓑ를 보자. 여기서는 '주어-동사'의 순이다. 이 동사는 자동사이다. 원문 ⓐ에서 타동사로 쓰인 동사가 ⓑ에서는 자동사로 쓰이고 있다.

중국어의 특징상 타동사가 자동사로 바뀐다고 해서 달라지는 건 없지만, 한 가지 다른 부분이 있다. 다른 곳과는 달리 ⓐ에서 '치지致知'였던 것이 ⓑ에서는 '지지知至'로 된 것이다. 즉 '지知'가 목적어에서 주어로 바뀜으로써, 타동사 '치致'가 자동사로 되어 '지至'가 된 것이다. 타동사-자동사 간의 문제에서 다른 곳은 변화가 없다.

ⓐ와 ⓑ 사이에 또 한 가지 다른 부분이 있다. 일반적으로 흔히 주희가 말한 팔조목은 원문 ⓐ에서 취하여, '격물-치지-성의-정심-수신-제가-치국-평천하'라고 말한다. '타동사-목적어'의 조합으로 말하는 것이다. 『대학』에서 팔

조목은, 원문 ⓐ에서 보면 '천하' 문제부터 나온다. 그런데, ⓐ에서 보니 '평천하平天下'가 아니다. '명명덕어천하明明德於天下'로 되어 있다. ⓑ에서 '주어-자동사'로 조합될 때 '천하평天下平'이 되어서 '평천하平天下'를 유추할 수 있을 뿐이다. 『대학』에 '평천하'란 말이 있긴 하다. 주희가 「전10장傳十章」으로 분류한 부분에 한 번 나온다. 지금 말하는 부분은 주희가 '경經'으로 분류한 『대학』의 첫 부분이다. 여기서는 '평천하'로 조어된 부분이 없다. ⓐ와 ⓑ의 팔조목 부분을 나열해 비교해 보자.

ⓐ 명명덕어천하-치국-제가-수신-정심-성의-치지-격물
ⓑ 물격-지지-의성-심정-신수-가제-국치-천하평

그렇다면 주희가 분류하여 우리가 팔조목으로 알고 있는 것 중 '평천하'는 '주어-자동사'로 된 ⓑ 부분을 ⓐ 부분처럼 '타동사-목적어'로 만든 것이 아닌가. 만일 ⓐ와 ⓑ가 같은 내용이라면 '명명덕어천하'가 곧 '평천하'인 셈이다. 그렇다면 ⓐ 부분의 맨 처음 주어인 '古之欲明明德於天下者'는 '古之欲平天下者'로 바꿀 수 있다는 말인가. 그런데 더 큰 문제는 여기에 나오는 '명명덕'이 이미 주희가 '삼강령'으로 분류한 첫 번째 강령 바로 그것이라는 점이다. 삼강령 중의 하나가 팔조목에도 중복되어 나오는 셈이다. 주희의 삼강령, 팔조목에 대한 분류의 타당성이 의심되는 대목이다. 그럼에도 주희 이후 삼강령, 팔조목의 분류는 유학계에서 지극히 당연하게 받아들이는 관점이 되었다.[53]

그런데, 앞에서 보다시피 당장 의문을 제기할 수 있는 부분도 있다. 앞에서 보면, 평천하-치국-제가-수신-정심-성의-치지-격물은 동시에 명명덕어천하-치국-제가-수신-정심-성의-치지-격물이다. 이렇게 되면 '삼강령'으로 분류된 '명명덕', '신민', '지어지선'과 '팔조목'은 2단계의 층으로 구조화되는 것이 아니라 '명명덕'을 매개로 이어진다. 그렇다면 '삼강령'의 '명명덕'은 '명명덕어천하'의 생략형일 수도 있다. 이렇게 되면, '명명덕'이 수기修己의 핵심이 되는 의의가 감소되고 치인治人의 측면과 같아져서 그다음의 '신민'과 차별성이 없어진다. 또는 '삼강령'의 '명명덕'이 '수기'

를 말하고 그 효과가 '팔조목'에서 드러난다고 하면, '명명덕어천하'가 곧 '평천하'일 뿐만 아니라, '치국'도 '명명덕어국明明德於國'이고, '제가'도 '명명덕어가明明德於家'일 수 있다. 이처럼 『대학』의 원문 자체가 명확하지 않으므로 이런 의문을 가지게 되는 것이다.

어쨌든 주희의 의해 팔조목으로 일컬어진 범주 고리의 맨 처음은 '고지욕명명덕어천하자古之欲明明德於天下者'로 시작하는데, 그냥 시대와 상관없이 일반적인 '욕명명덕어천하자'가 아닌 '옛날의' 그러한 이를 말하므로 시대적으로 특별히 지칭하는 사람들이 있을 것이다. 흔히 유교에서는 이러한 이들을 옛 성왕聖王으로 본다. 그들은 이미 앞의 「예운」에서 이야기한 '대동'과 '소강'의 성인으로 보는 것이 일반적이다. 곧 요堯·순舜·우禹·탕湯·문文·무武·주공周公이다. 이 사람들이 처음 '명명덕어천하'에 뜻을 둘 때는 먼저 그 선결조건부터 충족하려고 했다는 것이다. 그러니 이들처럼 '명명덕어천하'에 뜻을 둔 후대 사람들도 이들을 본떠 선결조건을 충족하기 위해 노력하라는 것이다.

그런데 여기서 의문이 든다. '명명덕어천하' 하려면 '팔조목'의 가장 처음인 '격물'에서 시작해야 한다. 그리고 거기서부터 시작하여 그 과정을 완벽히 수행한 이가 비로소 '평천하'의 단계, 즉 '명명덕어천하'에 이를 수 있을 것이다. 원래 「대학」과 「예운」이 같이 『예기』 속에 있었다는 점을 생각하여 두 문헌을 연계해 보자. 그렇다면 완전하게 '평천하'까지 덕이 이른 이상적 인간상이 곧 진정한 의미의 성인聖人일 것이다. 그리고 이러한 사람이 「예운」에서 말하는 이상사회인 대동사회를 이루게 될 것이다. 그들은 곧 요와 순이다.

그런데, 유교에서 흔히 역시 성왕聖王의 덕을 가진 이들로 일컫는 우·탕·문·무·주공은 어떤가. 「예운」에서 그들은 소강사회의 통치자들이다. 앞에서 이야기한바 세습과 상속을 사회제도의 기본 틀인 '예禮'로 삼아 불평등사회를 제도화한 이들이다(우는 그의 사후에 그렇게 되었지만). 과연 이들은 '격물'에서 '평천하'에 이르는 『대학』의 팔조목의 연쇄 고리 중 어디까지 도달한 사람들일까. 이들도 역시 평천하의 덕을 가진 이들이라 한다면, 대동사회의 지도자인 요순과 차별성이 없어질 것이다. 그러면 그들은 소강의 통치자가 아니라 대동의 통치자가 되어야 할 것이다.

그러나 그들은 소강의 통치자들이다. 따라서 평천하의 단계까지 이를 수 있는 덕을 아직 갖추지 못한 이들이 되어야 할 것이다. 그렇다면 이들은 치국의 덕까지만 이룬 이들인가? 『논어』를 기준으로 볼 때 이들의 소강사회를 인정한 공자는 또 어떤가. 이들 모두의 덕이 '치국'의 덕 정도라면 당시 중국 천하를 다스릴 덕이 아닌 한 나라를 다스릴 정도인, 제후급의 덕 정도만 갖춘 이들로 봐야 하지 않는가. 『예기』 속의 「대학」과 「예운」을 연계할 때 이들의 위치는 애매모호하다. 실제로 「예운」에서는 우·탕·문·무·주공(그리고 성왕成王)은 '성인'이 아닌 '군자'로 표현되어 있는데, 이유가 있는 것일까? 이 점은 풀리기 어려운 의문이다. 필자의 이 의문을 접어 두고 이제 팔조목을 분석해 보자.

제8장

격물格物과 치지致知

'팔조목'은 천하 문제부터 그 이야기가 시작된다. 그렇지만 곧바로 선결 문제를 제기함으로써 결국 그 최초의 선결조건으로 거슬러 올라가게 된다. 그 최초의 선결 과제가 '격물'이다. 따라서 '격물'부터 이야기를 시작해야 할 것이다. 천하에 밝은 덕을 밝히려면, 즉 천하를 화평하게 하려면 '격물'부터 시작해야 하기 때문이다. 그런데 우리는 바로 이 '격물'에서부터 철학적 논란거리에 직면하게 된다. 『대학』을 자신들 사상의 핵심으로 둔 주희와 왕수인은 이 '격물'에서부터 각자 자기류의 해석을 하게 된다.

그리고 이 '격물'에 관해서는 그다음의 '치지'와 더불어 이야기해야 할 만큼 두 가지는 밀접한 관련을 가지고 있다. 실제 주희와 왕수인 모두 '격물'과 '치지'를 함께 연계하여서 말하고 있다. 주희와 왕수인의 '격물치지' 해석은 역시 두 사람의 사상적 전제가 먼저이고 이에 따라 해당 이론이 전개된다고 볼 수 있다.

주희는 그의 사상적 전제인 이기론理氣論을 이 '격물치지' 해석에서부터 적용하고 있다. 주희는 세계 내 모든 존재를 이理와 기氣로 설명하고 있다. 그에 따르면 사람이든 사물이든 일체 만물은 이와 기로 구성된다. 기는 세계 내 모든 존재의 구성소재로서의 질료質料이다. 물질이나 에너지로 설명되기도 한다. 그런데 이러한 기로 구성된 만물은 세계 내에서 각기 다른 양상으로 존재한다. 이렇게 각기 다른 양상으로 존재하게 하는 것은 각 사물의 형상形相으로서의 이理이다.[54] 이 사물과 저 사물의 차이는 이理가 다름으로 해서 생긴다.

이理는 기氣에 부여되어 어떤 사물이 그 사물이게 하는 원리요 본성이다. 사물은 단순히 존재할 뿐만 아니라 운동·변화한다. 그래서 어떤 사물의 존재원리일 뿐 아니라 그 사물의 운동·변화의 원리이기도 하다. 즉 그 사물의 소프트웨어로서의 프로그램이다. 이러한 프로그램에 따라 실제 세계 내에서 작용하고 구동하는 그 자체 하드웨어로서의 질료가 기이다.

주희의 이론에서 이理와 기는 현실에서 떨어질 수 없이 동시에 존재한다. 이理 없는 기 없고, 기 없는 이 없다. 이理는 이념계의 형이상形而上의 것이고, 기는 물질계의 형이하形而下의 것이다. 그래서 실제상으로는 동시에 존재하나 그 존재영역이 다르므로 섞일 수는 없다. 그러나 논리적 선후관계를 따지면, 이理가 먼저이다. 주희의 입장으로 볼 때, 논리적으로 어떤 사물의 원리가 먼저 존재하고 그에 따라 기로 구성된 사물이 존재한다는 것이다.

개별 사물마다 그 사물의 개별리가 존재하지만, 각각의 개별리는 모든 개별리의 총화總和인 보편리의 분화分化이기도 하다. 이 모든 개별리의 총화로서의 이理를 주희는 '태극太極'[55]으로 일컬었다. 태극은 일체 존재의 보편리이면서도 개별 사물의 이理로서도 분화되어 존재한다. 분화되어도 그 완전성은 그대로 지니면서 사물에 내재한다. 개별 사물의 이理는 보편리인 태극의 다양한 구현이다. 인간도 이理와 기로 구성되어 있기는 마찬가지다. 인간이든 사물이든, 이理는 그 본성이다. 그래서 북송의 정이程頤는 '본성이 곧 이理다(性卽理)'라고 하였고, 남송의 주희가 그 이론을 계승했다.

주희의 이기론은 단순히 존재를 설명하기 위한 것이 아니다. 그 궁극목적은 인간이 어떻게 살아야 하는가 하는 도덕원칙을 마련하기 위한 것이다. 단순한 사물의 존재원리와 달리 인간의 경우 그 존재원리는 곧 도덕원리이기도 하다. 그러면 이 도덕원리는 어떻게 알 수 있나. 우선 내적으로는 인간의 도덕원리인 자신의 본성을 알아야 한다. 그리고 인간이 현실에서 도덕적 문제에 봉착하는 것은 다른 사물을 어떻게 처리하는가에 있다. 그래서 대상 사물에 대한 올바른 도덕적 처리는 그 대상 사물의 이理를 아는 것과 관계있는 것이다.

그리고 인간이나 대상 사물의 이理가 궁극적으로는 보편리인 태극의 분화이므로, 개별 사물의 이理를 하나하나 인식함은 궁극적으로 인간 자신의 도덕적 본성을 아는 것과 연계되어 있다. 그래서 대상 사물의 원리를 귀납적으로 알아 나가면 어느 순간 활연관통豁然貫通의 '귀납적 비약'이 있게 되어 보편리를 깨닫게 된다. 이 부분은 정이의 이론인데, 주희는 이를 받아들이면서 이 보편리를 태극으로 보는 견해를 추가했다. 그리고 이 보편리를 앎은 곧 자신의 본성을 아는 것이 된다. 여기서 주희의 이기론을 이야기하는 것은 그의 '격물치지' 이론이 바로 이러한 이론적 구조와 관련되기 때문이다.

사실상 주희의 '격물치지' 이론 역시 정이 이론의 계승이다. 정이는 '격格'을 '이르다(至)'로 보았다. 즉 '격물格物'을 '물物에 이르다'는 의미로 본 것이다. 이는 곧 대상 사물인 '물物'에 다가가 경험하는 것이다. 이 견해를 주희가 그대로 이어받았다. 사실상 이렇게 보는 것이 정이와 주희로 이어지는 정주학程朱學 체계에 적당했기 때문이다. 정이는 원래의 『고본대학』을 개편하고 자기 나름대로 해석했는데, 주희는 한 걸음 더 나아가 '경經'과 '전傳'으로 『대학』 본문을 재개편하였다. 주희는 이 과정에서, 『대학』의 체제는 자신이 '경'으로 본 내용 중 '삼강령'과 '팔조목'을 '전'에서 다시 각론 형식으로 해석하는 것으로 되어 있다고 보았다.

그런데 여기에 문제가 있었다. 다른 부분은 모두 이에 적당히 들어맞았는데, '격물치지' 부분에 대응시킬 '전'의 내용이 없었다. 없으면 자신의 전제가 적절치 않다고 볼 수도 있었겠지만, 주희는 그렇게 생각하지 않고 그에 해당하는 '전'이 일실逸失되어 전해지지 않았다고 주장했다. 자신의 이론 전제를 유지하는 것이 더 중요했던 것이다. 이에 그는 기상천외한 발상을 하였다. 없는 부분을 스스로 만들어 넣기로 한 것이다. 이렇게 해서 그는 빠져 있다고 여긴 '격물치지' 부분의 '전'을 보충해 넣었는데, 이는 곧 훗날에도 계속 논란을 야기한 이른바 「격물보전格物補傳」이다.

주희는 정자程子(즉 정이程頤)의 뜻을 취하여 보충해 넣었다면서, 다음과 같이 「격물보전」을 서술하였다.

> 이른바 '치지致知가 격물格物에 있다'고 한 것은 나의 지知를 이루고자 함이란 물物에 나아가(卽) 그 이理를 궁구함(窮)에 있음을 말한다. 대개 인심人心의 영묘함에는 지知가 있지 않음이 없고, 천하의 물物에는 이理가 있지 않음이 없으나, 오

직 이理에 아직 궁구함이 없으므로 그 지知에 다하지(盡) 못함이 있는 것이다. 이로써『대학』에서의 첫 가르침은 반드시 배우는 이로 하여금 천하의 모든 사물에 나아가 이미 알고 있는 이理로 인하여 그것을 더욱 궁구하여 그로써 그 지극함에 이르기를 추구하지 않음이 없는 것이다. 힘씀이 오램에 이르러서 하루아침에 툭 트이며 관통하게(豁然貫通) 되면 중물衆物의 겉과 속, 정밀함과 거침이 다 이르게 되어 내 마음의 전체 대용大用이 다 밝아지는 것이다. 이것을 일러 '물物이 격格해짐(物格)'이라 하는 것이며, 이것을 일러 '지知의 이름(知之至)'[56]이라 하는 것이다.[57]

흔히「격물보전」이라 하나 실제 그 내용은「격물치지보전」이다. 이 중 중요한 핵심은 '즉물이궁기리(卽物而窮其理)'이다. '즉물卽物'은 곧 '물物에 나아감(卽)'인데, 이는 '격물'에 대한 정이·주희의 관점이다. 그런데 이렇게 '물'에 나아가는 주된 목적은 그다음의 '궁리窮理' 즉 '이理를 궁구함'에 있다. '궁리'라는 말은『주역』「설괘전說卦傳」의 "窮理盡性以至於命(이理를 궁구하고 성을 다함으로써 명에 이른다)"에서 나온 것이지 『대학』 자체에는 없다. 그리고 『대학』 어디에도 '이理' 를 탐구의 대상으로 한다는 말이 없을 뿐 아니라, '이理'에 대한 관심 표명 자체가 없다.

주희는 사서四書에 대한 해석을 '이理'로 온통 도배할 정도지만, 사서의 문헌 본문 자체에 '이理' 자가 있는 곳은 『맹자』와 『중용』뿐이고 『대학』과 『논어』에는 '이理'라는 글자조차 없다. 자신이 만들어 넣은 글이지만 원래의 『대학』 문장같이 그럴듯하게 꾸미지는 않고, 그 당시 자신의 사상적 전제인 '이理'를 노골적으로 표현하여 글을 만들었다. 당연히 『대학』의 원취지라 할 수는 없다.[58]

"窮理盡性以至於命"은 정이가 자주 인용한 명제이다. 주희는 스스로 말하듯 정이의 뜻을 이어받았다. 천하 사물에는 각각 그 사물의 이理가 있고, 이 이는 그 사물의 성性이라고 정이는 생각했으며, 이 이와 성을 철저히 탐구하면 명命에 이른다는 것이다. 이 말을 『대학』의 '격물치지'와 연계시킨 것이다. 그러기 위해서 '물物'을 경험해야 하는데, 이것을 '물物'에 나아가는(格) '격물格物'로 본다. 또 이렇게 함으로써 그 사물의 '지知'를 얻게 된다는 것인데, 이 '지'는 그 사물의 '이理'요 '성性'이다.

「격물보전」에서 정이의 취지를 계승하여 말하는 주희는 이렇게 객관 사물을 경험하여 그 이理를 알면, 그것도 철저히 그 궁극을 탐구하는 노력이 오래 쌓이면 나중에 '활연관통豁然貫通'하게 된다고 하였다. 곧 정이가 '탈연관통脫然貫通'이라 한 것이다. 그 결과로 "중물衆物의 겉과 속, 정밀함과 거침이 다 이르게 되어 내 마음의 전체 대용大用이 다 밝아지는 것이다"라고 한다.

그런데 전자 즉 '중물衆物의 겉과 속, 정밀함과 거침'은 객관세계의 일이고, 후자 즉 '내 마음의 전체 대용이 다 밝아지는 것'은 주관의 영역이다. 정이든 주희든 사실상 궁극 목적은 후자에 있다. 탈연관통, 활연관통을 객관적 지식을 얻는 측면에서 보면, 경험의 누적으로 오는 귀납적 비약이다. 그것은 전자의 일이다. 그러나 후자의 탈연관통, 활연관통은 정신수양의 결과로 오는 깨달음의 경지다. 전자의 방법으로 후자의 결과를 얻을 수 있을까. 객관적 지식을 쌓으면 깨달음의 경지에 이를까. 왕수인은 이에 의문을 제기하였다.

주희는 여러 유교경전 중에서 『대학』에 가장 공을 들였고, 죽을 때까지 그 주석을 고치고 또 고쳤다. 그중에도 이 「격물보전」은 글은 짧지만 주희가 자구 하나하나 고심하여 지은 것으로서 주희사상의 핵심을 담고 있다. 왕수인의 경우는 어떤가. 왕수인에게도 역시 『대학』이 그 사상의 끝이요 시작이라 해도 과언이 아니다. 그 사상은 정이, 주희의 '격물치지'설에 대한 의문에서 시작되었다.

『대학』에 대한 왕수인 견해의 핵심을 담은 『대학문大學問』은 마치 주희의 경우처럼 그가 죽을 때까지 생각하고 또 생각하여 죽기 직전에 이룬 그의 최후의 저작이다.[59] 이처럼 이 두 사람의 사상 모두 그 핵심을 『대학』에 두었으므로, 두 사람의 사상 비교의 핵심 역시 바로 여기에 있는 것이다.

왕수인은 18세에 한편으로는 과거시험 준비를 하면서, 또 한편으로는 시부사장詩賦詞章을 학습하기도 하였다. 그러던 중 그는 전錢 씨 성의 한 친구와 함께 성현聖賢이 되려면 천하의 '물物'을 '격格'해야 한다는 말에 대해 논하다가, 주희가 말한 '격물치지'설에 따른 실험을 해 볼 생각을 하게 되었다. 그래서 그 친구와 함께 부친이 벼슬하는 관서官署 뜰의 정자亭子 앞에 있는 대나무에 가서 며칠을 '격'해 보았지만 대나무의 '이理'는 격해지지 않고, 전 씨 친구는 3일 만에, 왕수인 자신은 7일 만에 정신만 쇠약해져 몸져누웠다고 한다.[60] 이에 그는, 주희의 '사물의 이(物理)' 즉 '대상의 이理'와 '나의 마음(吾心)' 즉 '주관'을 둘로 나누는 학설을 믿을 수 없다고 느끼게 되었다.

그러다가 이후 불교와 도교의 사상에 빠져 보기도 하였으나, 이 두 사상이 현실의 인간세상과 유리됨에 회의를 느끼고 다시 유가의 사상으로 돌아왔다. 그 후 그는 정치적 수난을 겪게 되는데, 그로 인해 귀주貴州의 용장龍場으로 유배 가게 되었다(일종의 좌천이었다). 그의 나이 36세 때의 일이다. 그는 유배지에서 어느 날 밤 문득 '격물치지'의 뜻을 깨닫게 되는데, 성인聖人의 도는 우리의 본성에 자족하므로 사물에서 그 이理를 구하는 것이 잘못이라고 생각하게 된다. 이때의 깨달음이 이른바 '용장오도龍場悟道'이다. 이후 43세에 마침내 '치양지致良知'설을 확립하여, 오로지 '치양지'로써 학생을 가르치기 시작하였다.

주희의 「격물보전」은 '물리物理'를 탐구하여 그로부터 '인리人理'로 이행하려 한 것이다. 그런데 '물리'와 '인리'가 어떻게 연관을 가질 수 있을까. 정이와 주희의 논리는, 객관세계의 사물을 하나하나 탐구하여 그 개별적 '물리'를 얻음이 누적되면 보편리를 얻을 수 있다는 것이다. 이것은 귀납추리의 과정이다. 그리고 다시 보편리(주희의 경우 곧 태극)에서 연역추리를 통해 '인리'를 얻을 수 있다는 것이다. 왜냐하면 '인리'이면서 '인성' 역시 보편리의 분화이기 때문이다.

이 방법은 우회적인 방법이다. 이때 이야기되는 '탈연관통' 또는 '활연관통'은 '물리'의 귀납적 비약에 의한 것인데, 이것이 어느덧 슬그머니 '인리' 즉 '인성'에 있어서의 도덕적 정신 경지의 최고의 고양 상태의 의미로 변해 버리는 문제가 있게 된다. 여기에는 또, 사실에서 가치를 도출해 내어, 사실의 세계와 가치의 세계, 존재의 세계와 당위의 세계의 경계를 아무렇지도 않게 넘어 버린 문제도 있다. 무어Moore, George Edward(1873~1958)가 말하는 바의 윤리학상의 '자연주의적 오류'다.

그런데 정이와 주희의 변명거리도 있다. 정이는 '재물위리在物爲理(물物에 존재하는 것은 이理이다)', '처물위의處物爲義(물物을 처리하는 것은 의義이다)'[61]를 말하였다. 물에 있는 '이'를 탐구함은 결국 '의' 즉 당위를 위한 것임을 주장한다. 즉 그 이理가 당위의 이理라는 것이다. 그런데 당위의 이理가 왜 객관적 사물에 있는가. 그는 '처물處物'이란 말로써 이를 그냥 얼버무리고 있다.

이에 대해 심학은 오로지 '인리人理'를 추구한다. 처음부터 객관 사물의 사실·존재의 이理를 추구하는 것이 아니라 오직 정이가 표현하는 '처물'만을 말한다. 그 '처물'을 함에 있어서의 이理는 도덕주체인 인간에게 있다. 왕수인의 '격물'은 이 점을 말하고 있는 것이다. 왕수인이 정주의 '격물'방법이 '물리物理(물의 이)'와 '오심吾心(내 마음, 도덕주체)'을 둘로 나누고 있다고 말하는 것은 객관세계와 도덕주체, 지식세계와 도덕세계를 둘로 나누는 데 대한 불만이다. 왕수인의 관심은 오직 도덕철학의 건립에 있다. 그의 격물은 곧 도덕철학의 관점에서 말하는 것이다.

왕수인이 보기에 "물物은 사事이다. 의意가 발하는 곳에는 반드시 그 사事가 있다. 의意가 있는 사事를 물物이라 이른다. '격格'이란 '정正(바로잡음)'이다. 그 '부정不正(바르지 못함)'

을 '정正하여(바로잡아)' '정正(바름)'으로 돌아가게 함을 이른다"는 것이다. 물物은 의意(뜻)의 대상이다. 즉 도덕적 대상이다. 도덕과 무관한 단순한 존재를 말하는 객관세계 중의 어떤 사물이 아니다. 따라서 물物에 대해서는 선과 악, 정과 부정을 말할 수 있을 뿐이다. 왕수인에 있어서 '격물'은 선을 행하고 악을 제거하는 것이며, 부정을 정으로 돌아가게 하는 것이다.

그러면 왕수인에 있어서 『대학』의 '치지致知'는 무엇인가. 그는 '치지'의 '지知'를 '양지良知'로 본다. 그러므로 그에 있어서 '치지致知'는 곧 '치양지致良知'다. '양지'는 무엇인가. 원래 맹자가 만든 용어로서, 『맹자』「진심상」에서 이렇게 말하고 있다.

> 사람이 배우지 않고도 할 수 있는 것은 그의 양능이요, 생각하지 않고도 아는 것은 그의 양지다. 두서너 살의 어린아이는 모두 그 어버이를 사랑할 줄 안다. 그리고 자라서는 그 형을 공경할 줄 안다.
>
> 人之所不學而能者, 其良能也; 所不慮而知者, 其良知也. 孩提

之童, 無不知愛其親者; 及其長也, 無不知敬其兄也.

여기서 '양良'이라는 글자를 주희는 '본연本然의 선善'이라 풀었다. 그런데 '양良'이란 글자는 '선善'과 같은 가치 측면의 의미 외에도 '선천적', '천부적'이라는 의미도 가지고 있다. 그러나 왕수인에 있어서는 주희의 해석이 적절할 것이다. 왕수인은 시종 도덕적 의미를 중시했기 때문이다. 그래서 왕수인은, 『맹자』에서 쓰인 의미를 자기 나름대로 발전적으로 해석하여 '양지'를 일종의 '선험적인 도덕의식'의 의미로 쓰고 있다. 그의 양지는 경험적인 것에 대해서 선험적이며, 또 인간이 날 때부터 가지고 나오므로 선천적으로 고유한 지선至善의 도덕능력이다.

왕수인이 『대학』의 '치지'의 '지'를 자신이 맹자의 용어로부터 확대, 발전적으로 해석한 '양지'로 보는 것은, 그의 『대학』 해석의 가장 기본적인 특징이 된다. 맹자의 '양지'와 『대학』의 '치지'의 '지'를 이렇게 같은 것으로 봐도 되는지는 또 다른 문제다. 왕수인이 설사 『대학』 저자의 본의를 왜곡했다 하더라도, 왕수인 철학은 이 두 사상체계의 결합으로 이루어진다.

왕수인은, 육구연이 그렇게 주장했듯이 맹자의 사상을 바로 계승하고 있다고 자부한다. 맹자의 '심'의 의의를 되살리는 것이 육구연과 왕수인의 철학, 이른바 육왕학陸王學의 핵심 취지다. 이는 '심心' 또는 '본심本心'을 이야기하는 육왕학이 '심학心學'으로 일컬어지는 중요한 이유다. 그런데 육구연은 심, 본심을 강조한 정도였고 그 구체적인 내용과 실천 문제에 대해서는 미흡했다.

왕수인은 이러한 점을 더 발전시켰다. 그것을 위한 기초가 '양지良知'에 대한 이론이다. 그는 단순히 '심'을 말하는 데서 더 나아가 이 '심'의 핵심을 이야기했다. 그것이 '양지'인 것이다. 그는 "양지란 심의 본체本體이다"[62]라고 하며, 또 "양지는 천리의 소명영각처昭明靈覺處이다"[63]라고도 하였다. 육구연이 말한 '심즉리'를 보다 구체화하고 거기에 '양지'를 더한 것이다.

왕수인이, 사람마다 본래 선천적으로 가지고 있다고 주장하는 '양지'는 그 자체가 완전한 도덕구현체가 아니다. 양지는 선악을 구별하는 기초적 능력일 뿐이다. 기본적 도덕판단력이다. 우리가 어떤 도덕적 사안에 마주쳤을 때에는 그 기준이 있어야 할 것이다. 무엇이 선이고 악이며, 무엇이 정이고 부정인가를 판단해야 할 것이다. 이때 이러한 판단의 표준이 있어야 한다. 그런데 그것은 밖에서 구하는 것이 아니다. 사람마다의 심心이 바로 그 표준이다. 심 자체가 판단자이며, 이 심이 바로 그의 '양지良知'이다.

그런데 이 기본적 도덕판단력은 실천으로 나아가지 않고서는 그 완성을 볼 수 없다. 무슨 말인가. 사람마다 양지를 가지고 있지만, 그 양지는 사욕에 의해서 방해받고 있다. 이 사욕을 걷어 내야 성인에 이를 수 있는데, '치양지'가 그 목표에 도달하는 실천이라는 것이다. 『대학』의 '치지'를 '치양지'로 해석하는 의의가 여기에 있다.

'치양지'는 수양방법이기도 하다. 그 수양방법은 '양지'를 체인體認하는 것과 '양지'를 실현하는 두 방면이다. 양지를 체인하는 것은 『논어』의 극기克己와 이후 말하게 될 『대학』의 정심正心의 마음공부로서, 이는 선천 고유의 '양지' 본체를 다시 밝히는 것이다. '양지'를 실천하는 것은 도덕수양이 행동으로 나타나는 것으로서, 도덕수양의 목적이 있는 곳이다. '격물'이란 이렇게 '양지'를 실현하는 것이다.

달리 말해, 사람마다 그의 '양지'를 발휘하는 것이 '치양지'다. '치양지'는 '양지'에 의거해서 일을 처리하는 것이며, 이것이 바로 '격물'이기도 하다. 자신의 양지에 의거해서 성실하게 일을 처리하며 조금도 거짓이 없는 것이 바로 이어 말할 『대학』의 '성의誠意'이다. 이러한 한 세트의 수양공부를 대표하는 것이 곧 '치양지'이기도 하다.

단순히 '양지'를 가지고 있는 상태에서 그 '양지'를 발휘하여 실천하는 '치양지'의 과정을 왕수인은 철학사에서 유명한 '지행합일知行合一'이라고 말한다. 흔히 주희는 '선지후행先知後行'이라고 하여 '먼저 알고 후에 행한다'고 하고, 왕수인은 '지행합일'이라고 하여 '앎과 행함을 하나로 합한다'고 한다. 그래서 전자는 이론이 앞서고 실천이 뒤이며, 후자는 이론과 실천이 동시에 이루어진다고 말한다. 그렇지만 두 사람이 말하는 '지知'의 의미가 다르다. 글자는 같지만 애당초 그 개념이 다르다. 그러므로 이 둘을 동일선상에 놓고 말할 수 없으며, 또 비교 자체가 무의미하다.

주희의 지는 객관 대상에 나아가 얻는 지식이지만, 왕수인의 지는 도덕주체로서의 양지이다. 지행합일은 사람마다 기본적으로 가지고 있는 양지가 치양지의 실천으로 사욕을 극복하여 도덕적 완성이 이루어지는 것을 총체적으로 표현하는 말이다. 그가 말하는 지행합일은 양지가 실천으로 완성되지 않으면 도덕적 의미가 없음을 말하는 것이다. 이렇듯 왕수인은 『대학』의 '격물치지'라는 몇 자의 말을 그의 도덕철학으로 확대, 발전시킨 것이다.

그러면 주희, 왕수인 중 누가 옳을까. 『대학』의 원취지를 볼 때, 그것은 천하에서 나라, 집안, 자신으로 점점 안으로 들어온다. 그리고는 그 주체의 내면을 더 심화시켜 심心, 의意, 지知, 물物로 들어온다. 그렇다면 여기서 '지'와 '물'은 '심', '의'보다 더 내면을 말하는 것이 되어야 순조롭다. 그런데 주희는, '지'와 '물'에서는 갑자기 밖으로 뛰쳐나가 객관세계의 '물'을 말하고 거기에서 얻는 '지'를 말한다. 뭔가 맞지 않는 것 같다. 심학에서 이의를 제기하고 특히 왕수인이 주희를 두고 '물리'와 '심'을 둘로 나눈다고 비판한 데에 그만한 이유가 있어 보인다.

반면 왕수인은 『대학』을 계속 내면으로 진입하는 방향

으로 해석한다는 데서 주희보다 더 타당성이 있어 보인다. 그러나 『대학』의 원취지보다 너무 나간 느낌이 있다. 즉 『대학』을 자신의 사상을 이야기하는 데 너무 이용한 면이 있다. 그렇다면 『대학』의 원저자의 의도는 무엇이었을까. 그것을 확정 짓기는 참으로 어렵다. 그런데 원저자의 그러한 애매모호함이 다양한 해석 가능성을 열어 놓았으며, 그 다양한 해석 가능성이 오히려 이후의 철학사를 풍부하게 했다.

제9장
성의誠意와 정심正心

『대학』의 논리로는 '격물'과 '치지'가 제대로 이루어지고 나면 그다음은 '성의誠意'의 단계가 된다. 우리가 일상생활에서 성의가 있니 없니, 성의를 보이니 어떠니, 성의가 부족하니 어떠니 하는 그 '성의誠意'와 한자가 같다. 그러나 그 성의는 '정성스러운 뜻'이라는, 앞의 '성'이 뒤의 '의'를 수식하는 말이다. 그러나 『대학』의 '성의'는 '동사+목적어'의 구조를 가지는 말이다. 『대학』의 이 '성의誠意'는, 말 그대로는 '뜻을 성실히 함'이다. 그런데 이 부분은 아주 중요한 철학적 의미를 가진다.

'뜻' 즉 '의意'라는 말도 철학적 개념인데, 그것을 목적어로 삼아서 동사로 사용된 '성誠'('성의誠意'에서 타동사인 '성誠'은 '의意를 성실히 함'을 이루고 나면, '의성意誠'으로 주어+자동사가 되어 자동사화한다)도 『중용中庸』에서 명사화되어 그 대표적 사상범주의 하나가 된다. 여기서 『대학』과 『중용』이 만나고 있는 것이다. 『중용』에는 "誠者天之道也, 誠之者人之道也"라는 유명한 문장이 있다. "성誠이라는 것은 하늘의 도道이고, 성誠하려고 하는 것은 사람의 도道이다"라는 이 말 중, 전자의 '성'은 명사(자동사로서의 동사의 명사형이라고 볼 수도 있다)이고 후자의 '성'은 동사, 그것도 타동사이다. 이 후자의 경우가 『대학』의 '성의'와 연계된다고 볼 수 있다.[64]

그러면 '뜻을 성실히 함'은 어떻게 한다는 말인가. 우리가 행위를 할 때 그 행위의 도덕주체는 『대학』에서 볼 때 '심心' 즉 '마음'이다. 그런데 행위를 할 때 행위를 하게 하는 그 행위의 동기가 있다. 그것이 '뜻[意]'이다. 이 '뜻'이 선하면 선한 행위가 나오고, 불선하면 불선한 행위가 나온다. 그래서 도덕실천자의 대표인 군자는 이 도덕적 동기를 선하게 해야 하는 것이다. 그것은 곧 그 도덕적 동기를 성실히 하는 것이다.

그러면 구체적으로 어떻게 하는 것이 뜻을 성실히 하는 것인가. 『대학』에서 주희가 「전傳」으로 분류한 글 중 '성의'에 대한 부분에서는, 우선 그것을 '자신을 속이지 않는 것(毋自欺)'이라 했다. 도덕적 동기를 선하게 하는 데는 우선 남을 속이지 않는 것이 필요할 것이다. 그런데 겉으로는 남을 속이지 않으면서도 우리의 내면은 온갖 복잡한 생각을 가지고 있다. 남은 속이지 않아도 자신을 속이는 경우가 많은 것이다. 따라서, '성의'가 자신을 속이지 않는 것이란 말은 참으로 철저히 도덕적 동기를 성실하게 하는 것이란 생각이 든다.

그런데 이 자신을 속이지 않는 것을 어느 정도로 해야 하는가 하면, 인간의 아주 자연스러운 측면같이 할 정도여야 한다고 했다. 『대학』의 저자는 그에 대한 비유를 들었는데, '마치 악취惡臭를 싫어하듯, 호색好色[65]을 좋아하듯' 하는 것이라고 했다. 즉 본능적일 정도의 자연스러움으로 자신을 속이지 않는 것이 '성의'이다. 이것을 달리 말해 '자겸自謙'이라고 표현했는데, 여기서 '겸謙'은 겸손함의 의미가 아니라, '만족함', '안정됨', '기꺼워함'의 의미로서, '성의'의 결과로 스스로에게 만족감을 주어 마음이 안정되고 기꺼워하는 것이다. 쉽게 풀어서 말한다면, 마음에 양심의 가책을 느끼지 않아서 스스로 떳떳한 마음의 상태를 가지는 것이다.

이 상태가 되려면 어떻게 해야 하는가. 『대학』은 그 유명한(고등학교 교과서에도 나오는) '신독愼獨'을 이야기한다. 이 '신독'은 『중용』에도 나온다. 즉 '신독'으로도 『대학』과 『중용』은 만나고 있다. 이 '신독'을 이야기하면서 『대학』에서는 '군자君子'와 '소인小人'을 논한다. 유가 도덕수양의 주인공이 역시 '군자'임을 표명하는 것이다. '성의'를 위해서 "군자는 반드시 그 홀로 있음을 삼간다"고 한다.

『대학』에서는 이에 군자의 인간상과 소인의 인간상을 비교함을 통해 '성의', 그리고 그것을 위한 방법으로서 '신독'의 구체적 내용을 이야기한다. 군자와 대비되는 소인의 모습은 우리 일상인들의 가슴을 뜨끔하게 할 만큼 강력하게 반성을 촉구한다. 그것은 홀로 있을 때의 소인의 행태다. 『대학』에서는 이렇게 말한다.

소인은 혼자 조용히 있을 때면 불선不善을 행하는데, (그렇게 함이) 이르지 못할 것이 없는 정도이다. (그러다가) 군자를 본 뒤엔 슬며시 시치미를 떼며 그 불선한 면을 감추고 선하게 보이는 면을 드러낸다. (그렇지만) 남이 자기를 보는 것이 마치 그 자신의 폐와 간을 보는 것 같은데, 그렇게 된다면 (자신에게) 무슨 이익이 있겠는가? 이것을 두고 내면에서 성실하면(誠於中) 밖으로 드러난다(形於外)고 하는 것이다. 그러므로 군자는 반드시 그 홀로 있음을 삼간다.

小人閒居爲不善, 無所不至, 見君子而后, 厭然揜其不善, 而著其善. 人之視己, 如見其肺肝然, 則何益矣? 此謂誠於中, 形於外. 故君子必愼其獨也.

—『대학』「전6장」

'홀로 있음' 즉 '독獨'은 단순히 공간적으로 홀로 있음만을 의미하지는 않는다. 『대학』의 표현은 공간적인 측면만을 말하고 있다. 그러나 그것은 쉽게 설명하기 위한 것일 뿐, 본래 취지는 공간적으로 남과 같이 있어도 남이 알 수 없는 내면, 자신만이 아는 내면을 말하는 것으로 봐야 할 것이다 (나아가서 어떤 이는 이 '독獨'을 가장 핵심적인 '도덕주체'로 보기도 한다). 앞에서 자신을 속이지 않음이란 뜻으로 '성의'를 정의한 것만 봐도 알 수 있다.

어쨌든 소인의 이런 행태는 그 '위선僞善'적 면모를 말한 것이다. 『논어』「학이學而」에 "巧言令色, 鮮矣仁!(말을 교묘하게 꾸미고 낯빛을 보기 좋게 꾸미는 자에게는 인仁이 드물다!)"이란 공자의 말이 있다. 이 역시 소인의 위선적 행태를 말한 것이다. 소인에게는, 『대학』의 기준으로는 그 뜻이 성실하지 않아서 내면에 불선함, 나아가서 악함이 있다. 그리고 이 악함은 언제나 자신의 이익 실현을 위한 행동으로 나온다.[66] 그렇지만 겉으로는 마치 정의로운 사람인 것처럼 포장하여 말하고 행동한다.

그러나 『대학』에서 강조하기를, 그래 봤자 다 들키게 마련이라는 것이다. 비유하여, 남들이 그 내장인 폐와 간을 꿰뚫어 보듯이 한다고 말이다. 그래서 이어서 증자曾子의 말을 인용하여 "열 개의 눈이 보는 바이고, 열 개의 손이 가리키는 바이니, 그 엄함이여!(十目所視, 十手所指, 其嚴乎!)"(『대학』「전6장」)라고 했다. 그러나 인간세상의 현실은 그리 녹록지 않다. 소인은 교활하다. 집요하고 주도면밀하다. 대놓고 악을 행하는 인간들은 차라리 어떤 인간인지 알 수 있으니 그나마 조심할 수는 있다. 그러나 교활한 악인은 참으로 세상의 독이 된다.[67]

그렇다면 군자는 언제나 일관되게 '신독'할 수 있는가. 군자에게는 조금도 위선적인 면이 없는가. 이론상 완벽한 존재는 '성인聖人'이며, 『대학』을 '대인지학'이라고 말한다면 그 '대인大人'이다. 군자는 이러한 인격적 상태를 '지향'하는 존재다. 비유하자면 100점 만점의 어떤 시험에서 100점이 '성인', '대인'이라면 '군자'는 아직 거기에 미달한 상태다. 그러나 성인, 대인 시험의 100점을 향해 언제나 노력하는 존재다. 군자에게도 위선적인 면이 전혀 없을 수 없다. 그러나 내면에서 갈등하고 자신의 사욕과 투쟁하고, 잘못하면 양심의 가책을 느끼고 반성하며 회개한다. 반면 소인은 100점을 희망하지 않는다. 잘못을 잘못인 줄 모르니 반성, 회개도 없다.

만일 군자가 완벽하다면 신독의 노력, 성의의 노력 등 모든 수양의 노력을 강조할 필요가 없을 것이다. 군자가 완벽하지 않다고 하는 것은 군자에게 있을 수 있는 부족함을 정당화하는 것이 아니다. 당연히 도덕적 잘못에 대해서는 책임을 물어야 한다. 그러나 그러한 면을 빌미 삼아 소인들이 군자와 자신들을 동일시하며 자신들의 잘못을 희석하는 물타기 책동을 경계해야 한다. 더구나 군자와 소인의 평가가 뒤바뀌어서는 더더욱 안 될 것이다.

이미 앞에서 '수신', '제가', '치국', '평천하'가 시간적 순서라기보다는 논리적 순서라는 말을 한 바 있다. 그런데 도덕주체의 내면적 수양을 말하는 '격물', '치지', '성의', '정심'의 순서는 어떤 의의를 지니는가. '성의'는 『대학』의 내용으로 볼 때 '격물', '치지' 후에 그것을 전제로 이루어지는 것이다. 그렇다면 이 '성의'는 시간적 순서로 봐서, '격물'과 '치지' 후에 이루어지는 것일까. 어제 '격물', 그리고 오늘 '치지', 그 후 내일 '성의'일까. 이 점은 말하기 쉽지 않다. 주희의 해석에서 풍기는 것은 논리적 순서와 시간적 순서를 겸하고 있다고 볼 수 있다.

그런데 왕수인은 『대학』의 순서 자체를 무시하는 경향이 있다. 그에게 있어서 '치지' 즉 '치양지'와 '격물'은 함께 이루어지며, 이것이 그의 '지행합일'이기도 하다. 그리고 자신의 '양지'에 의거해서 성실하게 일을 처리하며 조금도 거짓이 없는 것이 바로 '성의'이다. 그러면서도 이러한 것을 포괄적으로 말할 때 다시 '치양지'가 그러한 것을 대표한다.

또 왕수인은 만년에 그의 철학체계를 네 개의 구절로 요약하여 가르친 바 있다. 이른바 '사구교四句教' 즉 네 개의 센텐스로 이루어진 가르침이다. 그것은 "無善無惡是心之體(선도 없고 악도 없음이 마음의 체이고), 有善有惡是意之動(선이 있고 악이 있음이 뜻의 움직임이며), 知善知惡是良知(선을 알고 악을 앎이 양지이고), 爲善去惡是格物(선을 행하고 악을 제거함이 격물이다)"[68]이라는 것이다. 여기에는 이어서 말할 '정심'의 '심', 그리고 '성의'의 '의', '치지'의 '지'이면서 왕수인의 '양지' 그리고 '격물'이 모두 들어 있다.

왕수인은 여기서 도덕주체의 근원으로서의 심체心體를 '무선무악'으로 이야기하면서 '의', '지', '물'의 문제를 전개하고 있는데, 그 순서가 오히려 『대학』이 '격물'에서 논의를 시작하는 것과 반대이다. 그러면서 왕수인 철학에서 이 넷은 혼융하여 일체화되어 있다. 『대학』의 '격물', '치지', '성의', '정심'이 시간적 순서로만 따질 수 없다는 정도를 넘어서 왕수인 개인의 독자적 철학체계가 표명되고 있음이 드러난다.

왕수인은 맹자의 철학을 계승한다고 표명했다. 그것은 '심'을 중심으로 하는 철학으로서 '심학'이다. 그런데 그것을 『대학』에 연계시켰다. 그러니 '격물', '치지', '성의'는 결국 모두 '심'을 중심으로 벌어지는 일인 것이다. 주희는 장재張載의 '심통성정心統性情(심이 성과 정을 거느린다)'의 명제를 받아들였다. 심학에서 보는 심과 달리 이 심은 기의 현실성 속에 있다. 어느 쪽이든 현실 속에서 활동하는 주체는 결국 '심'이 된다. 이제 『대학』 문헌상에서는 도덕주체의 수양의 단계를 말한 '격물', '치지', '성의', '정심' 중 '정심'으로 접어든다.

우리는 어떤 사람이 잘못된 행동을 하여 그 결과가 좋지 않으면 '그러게 마음을 똑바로 먹어야지' 한다. 마음을 똑바로 먹는 것을 한자어로 표현하면 '정심正心'이 될 것이다. 이 '정심'이 『대학』에 있다. 물론 『대학』에서 마음을 똑바로 먹는다는 것은 일상적인 의미와는 다르다. 『대학』의 '정심'은 말 그대로 '마음을 바로잡는 것'이다. '정심'의 선결조건은 앞에서 말한 '성의'이다. 그리고 이 '정심'은 다음 단계인 '수신修身'의 선결조건이다. 『대학』에서는 '정심'이 '수신'의 선결조건이라면서 다음과 같이 말하고 있다.

이른바 '수신'이 그 마음을 바로잡음에 있다 함은, 마음(몸)[69]에 분노하는 바가 있으면 그 바름을 얻을 수 없고, 두려워하는 바가 있으면 그 바름을 얻을 수 없고, 좋아하는 바가 있으면 그 바름을 얻을 수 없고, 근심하는 바가 있으면 그 바름을 얻을 수 없다.

所謂修身在正其心者, 身有所忿懥, 則不得其正; 有所恐懼, 則不得其正; 有所好樂, 則不得其正; 有所憂患, 則不得其正.

마음이 거기에 있지 않으면 보아도 보이지 않고, 들어도 들리지 않고, 먹어도 그 맛을 알지 못한다.

心不在焉, 視而不見, 聽而不聞, 食而不知其味.

이것을 두고, 수신은 그 마음을 바로잡는 데 있다고 이르는 것이다.

此謂修身在正其心.

—『대학』「전7장」

우선 첫 문단을 보자. 이를 보면 유가적 사고방식의 독특함을 알 수 있다. '수신'은 도덕적 문제다. 그리고 그 선결조건으로서 '정심' 즉 '마음을 바로잡음'을 거론하는 것 역시 '수신'이라는 도덕적 문제에 대해 '정심'이라는 도덕적 답을 내었다는 것이다. 그런데 이러한 도덕적 사안을 '분노', '두려움', '좋아함', '근심' 등의 감정적 요소에 결부하였다는 점이 특이하다.

유가적 입장에서는, 도덕적 문제는 도덕주체의 도덕수양에 달려 있는데, 이 도덕수양은 결국 우리가 감정을 어떻게 컨트롤하느냐에 달려 있다는 것이다. 이러한 점은 『중용』에서도 마찬가지인데, 『중용』은 첫머리부터 감정의 컨트롤 즉 '희로애락喜怒哀樂'의 컨트롤을 말하고 있어서 역시 『대학』과 『중용』은 서로 통하고 있음을 알 수 있다.

더 자세히 보자. 『대학』의 원문을 보면 마음에 '소분치所忿懥', '소공구所恐懼', '소호요所好樂', '소우환所憂患'이 있을 경우 마음의 바름을 얻을 수 없다고 했다. '所'는 어법상 대상을 말한다. 여기서는 주체인 마음에 대하여 객체가 되는 대상이다. 즉 마음속에 분노의 대상, 두려움의 대상, 좋아함의 대상, 근심의 대상을 두지 말라는 얘기다. 감정의 대상을 두지 않도록 하는 것은 그 주체인 마음의 문제이므로 결국 마음의 문제로 돌아오긴 하지만, 우선의 과제가 그 대상임을 주목할 필요가 있다. 왜냐하면 『중용』에서는 마음속 감정 자체의 컨트롤을 말하고 있어서 비교가 되기 때문이다.

그다음 문단인 "마음이 거기에 있지 않으면 보아도 보이지 않고, 들어도 들리지 않고, 먹어도 그 맛을 알지 못한다"를 생각해 보자. 이 말은 우리가 상식적으로 이해하기 쉽다. 우리가 일상생활에서 이런 일을 흔히 겪을 수 있기 때문이다. 학교에서 수업시간에 학생의 마음이 콩밭에 가 있으면, 앞에서 선생님이 아무리 열강을 해도, 학생에겐 앞에 있는 칠판의 내용이 눈에 들어오지 않고 수업 내용이 귀에 들어오지 않는다. 두 눈, 두 귀를 열어 놓고 있음에도 말이다. 어떤 근심스러운 일이 있으면 마음은 온통 그곳에 가 있어서 이때는 음식을 먹어도 흔히 말하듯이 그 음식이 입으로 들어오는지 코로 들어오는지도 모른다. 산해진미라도 그 맛을 느끼지 못한다. 이는 지각과 인식의 문제다. 감각 대상으로부터 감각자료가 감각기관을 통해 들어오더라도 지각, 인식되지 못하기 때문이다.

그런데 여기에 하나의 문제가 있다. 첫 문단에서는 도덕 주체의 도덕문제를 '마음의 바름'이라는 측면에서 제기하고 있다. 그런데 둘째 문단에서는 도덕과 무관해 보이는 지각과 인식의 문제를 말하고 있다. 얼핏 보기에 관련 없어 보이는 두 내용이 나열되어 있는 것 같다. 그런데 이 둘은 결국 연관된다.

예를 들어 보자. 어떤 사람이 운전을 하다가 갑자기 다른 차가 끼어들어서 화가 난 경우를 생각해 보자. 약간 화는 나지만 흔히 겪는 세상일이라 생각하는 사람이 있는 반면, 어떤 사람은 자신의 분노를 제대로 조절하지 못해 머리끝까지 화가 치밀어 보복을 감행하는 사람이 있다. 이런 사람은 그 순간 앞뒤 생각을 하지 않는다. 오로지 보복만을 생각한다. 누가 나서서 그래서는 안 된다고 말해도, 그 사람이 눈에 들어오지도 그 말이 귀에 들리지도 않는다. 가정불화로 인한 분노, 직장에서의 분노, 길을 가다가 다른 사람과의 시비로 인한 분노 등 세상 속에는 이러한 종류의 경우가 비일비재하다.

다른 감정과 그 대상의 경우에도 마찬가지다. 감정조절을 못해 감정의 대상에 집착하면 자신이 처한 상황을 올바로 지각, 인식하지 못한다. 그로 인해 결국 도덕적 문제를 발생시키게 될 수 있다. 따라서 『대학』의 저자에게 첫 문단과 둘째 문단은 서로 밀접한 연관이 있는 것이다. 올바른 감정조절로 불필요한 감정 대상을 만들지 않아야 상황판단을 올바로 할 수 있고, 올바른 도덕행위를 할 수 있는 것이다. 그래서 '마음을 바로 함'이 '수신'의 선결조건이 되는 것이다. 이는 똑똑한 사람의 경우나 미련한 사람의 경우나 마찬가지다.

이러한 '정심'을 주희는 어떤 의미로 받아들였을까. 우선 '심'을 앞의 '성의'와의 연속선상에서 보자. 즉 '심'과 '의'는 어떤 관계에 있는가. 주희는, '심'이라는 도덕주체를 총체적이고 포괄적인 측면에서 본다. 그래서 그는 심을 '통체統體'라고 표현했다. '의意'는 그 '심'이 '발發한 곳', 즉 그 '심'이 작용하기 시작한 측면을 말한다.[70] 그러니까 '심'이 작용하기 시작한 측면인 '의'가 '성誠'한가의 여부에서부터 그 '심' 자체가 '정正'한가의 여부가 결정되기 시작한다는 것이다.

'심' 외에 '의'란 것이 따로 있는 것은 아니다. '심'의 최초 도덕적 동기가 '의'이다. 주희에 따르면, '심'은 도덕주체 그 자체를 가리키는 것이고, '의'는 그것이 '동動'(작용하기 시작할 때)하는 것이며, '심'은 '동動'함과 '정靜'(작용을 쉴 때)함을 포괄한다.[71] 결국 『대학』의 중심은 '심'이다. 대상 사물을 접하여 인식하고 그에 대응하는 행동을 하는 최전선이기 때문이다. 그래서 주희는 '치지', '성의', '정심'에서 '지'와 '의'는 모두 '심'으로부터 나온다고 한다.[72] 그만큼 '심'을 바로 하는(正) '정심'이 곧 행위의 최전선의 상황을 반영하는 것이다.

'심'을 바로 하는 '정심'이 감정 조절과 통제임을 말했는데, 주희는 이것을 『중용』과 관련지었다. 『중용』에서는 '희로애락喜怒哀樂'이 아직 발하기 전을 '중中'이라 하고, 발하여 절도에 맞는 것을 '화和'라고 한다. 이 '희로애락'의 작용이 있는 주체가 곧 '심'이다. 그래서 주희는 '심'이 발한 바가 절도에 맞지 않음을 심이 여전히 아직 바르지 않은 것이라고 한다.[73] 감정 조절과 통제에서 『대학』과 『중용』이 만나는 것이다.

이 감정조절의 측면에서 '정심'은 구체적으로 어떻게 하는 것인가. 주희의 입장에서 더 말해 보자. 앞에서 '분치忿懥'(화냄, 분노함), '공구恐懼'(두려워함), '호요好樂'(좋아함), '우환憂患'(근심걱정함)의 대상을 두지 않음을 마음을 바로잡는 것이라 했다. 이러한 감정의 대상은 곧 '물物'이다. 감정이 생기는 것은 '심'이 '물物'을 만났을 때의 일이다. 주희의 표현대로 말하면, '분치忿懥' 등은 '심'이 '물'과 만날 때의 일이다.[74]

그렇다면 '심'이 '물'을 만날 때 '분치' 등의 감정을 처음부터 가지지 않으면 좋을까. 그러나 유가에서는 감정 없는 목석木石과 같은 인간을 추구하지는 않는다. 주희의 경우 이렇게 말한다. "분치忿懥·호요好樂·공구恐懼·우환憂患 이 네 가지는 모두 사람이라면 가질 수 있는 것으로, 없을 수가 없다. 그러나 그 바름을 얻지 못할 경우는 있다. 다만 '물'에 응할 때 사심을 품어서는 안 된다는 것일 뿐이다."[75]

이러한 것은 구체적으로 어떻게 하는 것인가. 주희는 이렇게 말한다. "당연히 화날 일이 있는데 어떻게 화를 안 내겠는가. 다만 그 일이 지나가고 나면 활연豁然하게 넘겨야 한다. 그러면 그 바름을 얻을 수 있다. 만약 분노를 이 안에 머물게만 한다면 어떻게 마음 바름을 얻을 수 있겠는가."[76]

화날 일이 있을 때 화를 내더라도, 그 일이 지나면 활연하게 즉 '쿨'하게, 통 크게 넘기고 더 이상 마음에 묵혀 두지 말라는 것이다. 이것은 '분치'의 경우만이 아니라 다른 감정에서도 마찬가지다.

왕수인에 있어서는, 이 부분에 대해서 '심心'과 그다음 이야기할 '신身'의 문제를 연계하여 '심'의 바름(正)을 말하고 있음이 주목된다. 그는 이렇게 말하고 있다.

> 『대학』에서 말하는 몸(신身)은 곧 귀, 눈, 입, 코와 팔다리(사지四肢)이다. 몸을 닦으려 한다는 것은, 곧 눈으로는 예禮가 아니면 보지를 말고, 귀로는 예가 아니면 듣지를 말고, 입으로는 예가 아니면 말하지를 말고, 사지로는 예가 아니면 행동하지 말도록 하는 것이다.[77]

공자孔子가 말한바 '사물四勿'[78]을 끌어와 연계한 것이다. 서양철학에서는 이런 경우 인식론적으로 접근하여 '심'을 인식주체로, 귀, 눈, 입, 코, 팔다리는 인식을 위한 감각자료를 제공하는 감각기관으로 이야기하는 쪽으로 기울겠지만, 역시 동양철학 중에서도 유가철학답게 특히 왕수인 철학의 취지대로 도덕철학적으로 접근하였다.

왕수인에 있어서 『대학』의 '신身'은 이처럼 '귀(이耳)·눈(목目)·입(구口)·코(비鼻)'와 '팔다리(사지四肢)'의 육체이다. 이러한 육체를 구동하는 주체가 바로 '심' 곧 '마음'이어서, 그는 '마음'이란 '몸의 주재'라고 하고 있다. 그래서 당연히 '정심'은 이러한 몸의 구동주체를 바로 하는 것이 되기도 한다. 왕수인은 마음의 몸에 대한 주재를 이렇게 표현하였다.

> 마음이란 몸의 주재이다. 눈이 비록 보더라도, 그것으로 보는 주체는 마음이다. 귀가 비록 듣더라도, 그것으로 듣는 주체는 마음이다. 입과 사지가 비록 말하고 행동하더라도, 그것으로 말하고 행동하는 주체는 마음이다.[79]

왕수인에 있어서는, 몸의 주재인 마음이 바르면 몸에 부속되어 있는 이·목·구·비·사지 등 신체기관의 활동이 저절로 '예'에 맞지 않는 경우가 없게 된다. 왕수인의 경우 이것은 다음에 이어질 '수신'과 '정심'의 관계를 말하는 것이기도 하다.

그런데 왕수인의 '심'은 주희의 경우와 다르지 않은가. 그에게서 '심'은 '심즉리'로서 그 자체로 '천리天理'를 갖춘 선善함이다. 그런데 무슨 바르지 못함이 있단 말인가. 심학에서 본래 말하는 '심'이란 이런 것이 아니던가. 당연히 있을 수 있는 의문에 왕수인은 "그러나 지선至善한 것이 심(마음)의 본체인데, 심의 본체 어디에 불선함이 있단 말인가? 지금 정심하려면 본체의 어느 곳에서 공을 들여야 하는가?"[80] 라면서 스스로도 문제를 제기한다. 그러고는 답을 말한다. "반드시 심이 발동하는 곳에 나아가야 비로소 힘을 쓸 수 있다. 심이 발동할 때는 불선이 없을 수 없다. 그러므로 반드시 이곳에 나아가 힘을 쓰는 것이 곧 '성의誠意'에 있음이다."[81] 이는 무슨 말인가.

심의 본체 자체는 지선하다. 지극히 선하여 선하지 않음이란 아무것도 없다. 따라서 선함을 위해서 공을 들일 것도 없다. 그러면 언제 선하지 않음이 생기는가. 바로 마음이 현실 속에서 발동할 때다. 그러니 마음이 현실 속에서 발동하려 할 때 바로 그곳에서 힘을 써서 미리 차단해야 한다.

어떻게? '성의', 즉 '뜻을 성실히 함'으로써이다. 그러면 왕수인에 있어서 '성의', '정심', 그리고 미리 보는 '수신'의 삼자관계를 보자. 도덕주체인 '심'은 '신'을 주재하므로 '심'이 발라야 '신'의 이목구비와 사지가 예에 맞게 도덕행위를 할 수 있다.

그런데 '심'은 왕수인에 있어서는 원래 바른 것이다. 지선하다. 바로잡지 않아도 본래 바르다. 그러나 이것은 심의 본체를 말하는 것이다. 그것이 발동할 때, 즉 현실의 '심'에는 '선'과 '불선'이 있다. 원초적 '심'인 '심의 본체'의 '지선'의 상태가 발동 후에도 지속되려면, 그 발동할 때인 '의意'의 단계에서 불선을 차단해야 한다. 그 '의'를 성실히 함으로써 말이다. 그래야 마음에 '화냄(분치忿懥)', '좋아함(호요好樂)' 같은 감정의 대상이 생김으로써 초래되는, 마음의 바르지 못함을 방지할 수 있다. 왕수인은 이렇게 마음의 원초적 지선의 단계를, 거울이 텅 비어 있고 저울이 균형 잡혀 있는 상태에 비유하며(鑑空衡平), 동시에 『중용』에 있어서 희로애락이 아직 발하지 않은 '중中'의 상태에 대응시킨다(這便是未發之中).[82]

제10장
수신修身과 제가齊家

『대학』에는 "천자天子로부터 서인庶人[83]에 이르기까지 한결같이 모두 수신修身을 근본으로 삼는다"라고 말하는 부분이 있다. '수신'은 '팔조목'의 중간에 위치한다. 그런데 『대학』에서는 '천하'의 문제에서 그 선결조건으로 '나라'의 문제, 또 그 선결조건으로 '집안'의 문제를 거론하여 결국 '물物'의 문제로 거슬러 올라가, '격물格物'을 가장 최초의 선결조건으로 삼는다. 그렇다면 '격물'이 가장 근본이 되어야 하는 것이 아닌가? 그럼에도 중간에 있는 '수신'을 근본으로 삼는 이유는 뭘까. 『대학』에 그 이유는 명확하게 밝혀져 있지 않다. 그 이유를 추정한다면 이렇게 볼 수 있다.

'격물'에서 '수신'까지는 '수기修己'를 말하고, '제가', '치국', '평천하'는 '치인治人'을 말한다. 이 '치인'을 위한 조건이 '수기'인데, 그 '수기'의 단계를 포괄적으로 대표하는 것을 '수신'으로 볼 수 있다. 즉 '격물', '치지', '성의', '정심'은 '수신'의 세부적 내용인 셈이다. '수신'을 근본이라 했지만, 사실상 '치인'에 대해서 '수기'인 '격물', '치지', '성의', '정심' 모두 '수신'을 대표로 내세우는 근본이라 할 수 있다.

더불어 이 부분은, 『대학』의 내용이 단지 지배층 자제를 위한 교과목에 그치지 않고, 서인에 이르기까지 보편성을 지닌 것임을 말하는 의의도 가지고 있다. 인간이라면 누구나 '수신'을 근본으로 삼아 자기수양을 해야 한다는 것이다. 『대학』의 최종목적은 '평천하'인데, '평천하'할 수 있을 정도로 '수신'이 된 존재가 '성인聖人'이므로, 결국 인간은 누구나 요堯·순舜과 같은 성인이 될 수 있다는 맹자사상의 취지[84]를 말하는 것으로 볼 수 있다.

'수신'의 바로 앞 선결조건은 이미 말한 '정심'이다. 그리고 『대학』에서는 '수신'이 선결조건 역할을 하는 '수신' 다음 단계인 '제가齊家(집안을 가지런히 함)'를 '수신'과 결부시켜 이렇게 말하고 있다.

이른바 그 집안을 가지런히 함이 그 몸을 닦음에 있다고 하는 것은, 사람이란 그가 친애하는 바에 편벽되고, 그가 멸시하고 미워하는 바에 편벽되며, 그가 외경畏敬하는 바에 편벽되고, 그가 불쌍히 여기는 바에 편벽되기 때문이다. 그러므로 좋아하는 대상에도 나쁜 면이 있음을 알고, 싫어하는 대상에도 아름다운 면이 있음을 아는 자가 천하에 적은 것이다. 그러므로 속담에 말하기를, "사람이란 자기 자식의 악함은 알지 못하며, 자기 싹이 큼은 알지 못한다"고 한 것이다. 이를 일러 몸이 닦이지 않고서는 그 집안을 가지런히 할 수 없다고 하는 것이다.

所謂齊其家在修其身者: 人之其所親愛而辟焉, 之其所賤惡而辟焉, 之其所畏敬而辟焉, 之其所哀矜而辟焉, 之其所敖惰而辟焉. 故好而知其惡, 惡而知其美者, 天下鮮矣. 故諺有之曰: "人莫知其子之惡, 莫知其苗之碩." 此謂身不修不可以齊其家.

—『대학』「전8장」

한 집안을 다스려 경영하는 가장이 그 구성원을 대할 때 공정한 마음이 없다면 어떻게 될까. 홍부가 많은 자식에 대해 사랑하는 마음을 둘 때, 여러 자식 중에 자신의 마음에 드는 자식들만을 편애한다면 어떨까. 그가 편애하게 된 이유가 합당하더라도 다른 자식들의 불만과 시기, 질투를 유발할 것이며, 합당하지 않을 경우엔 그러한 마음이 더하게 될 것이다. 홍부의 이러한 행위는 그의 편견, 선입견이 작용한 경우일 수가 있는 것이다. 이러한 편견, 선입견은 그의 눈 밖에 난 자식들을 유난히 싫어하는 경우에도 마찬가지의 문제를 낳을 것이다. 세상 사람을 보면 각각 장점도 있고 단점도 있다. 그러나 편견을 가지고 자신의 관점에만 집착하면, 장점이 있는 이의 단점을 보지 못하고, 단점이 있는 이의 장점도 보지 못하게 된다. 자식에 대한 사랑을 두고 본다면, 고슴도치가 제 자식을 사랑하듯 자식을 맹목적으로 사랑하여, 그 자식에게 남에게 비난받는 면이 있음을 알지 못할 수도 있다.

홍부가 이런 편견을 가진다면 그 원인은 무얼까.『대학』의 저자는 홍부가 수양이 안 돼서 그렇다고 할 것이다. 수양이 안 되면 편견에 사로잡혀 사물을 올바로 보지 못한다고 보기 때문이다. 그래서 '제가'를 하려면 먼저 '수신'부터 해야 한다는 것이다. 덧붙여 말한다면 이 '수신'의 선결조건인 '정심'에서 감정조절을 하지 못하면 그 마음을 바로 하지 못한다는 것을 생각할 필요가 있다. 그 마음을 바로 하지 못하면, '수신'이 안 돼서 편견을 가지고 사물을 바라본다는 말이 된다.

누구를 사랑할 때뿐 아니라, 누구를 멸시하거나 미워할 때도 그렇다. 또 누구를 외경하는 마음을 가질 때도 비이성적으로 그의 광적인 팬이 될 수가 있다. 또 누구를 불쌍히 여겨 긍휼의 마음을 가질 때도 그럴 수 있다. 어떤 불쌍해 보이는 대상이 실은 이 세상에 해악을 끼치는 존재임에도, 편견에 의해 불쌍한 면만을 보고 동정심을 앞세울 수도 있다. 그래서 사회의 독버섯을 용서하고 방치하여 세상에 후환을 만들 수도 있다. 수양이 되지 않은 리더는 여러 면에서 세상을 오도할 수 있다.

앞에서 자식 많은 흥부의 집으로 가상의 예를 들었지만, 사실상 『대학』에서 말하는 '가家'라는 '집안'은 원래 평범한 일반 백성의 간단한 소규모 가정을 말하는 것은 아니다. 그것은 고대 봉건제도하 천자를 비롯하여 지방정권의 통치자인 제후諸侯의 집안이나, 지배층에 속하는 귀족인 대부大夫의 집안을 말한다. 『대학』이 성립된 시기가 불명확하므로 연원상 어느 시점의 '가'를 말하는지 역시 불명확하다. 여기서 '가'의 복잡한 시대적 연원을 말할 겨를은 없다. 그러나 그 당시의 '가'의 단위는 지배층 내 혈연관계의 사람들뿐만 아니라, 그 안에서 아랫사람으로 일하는 가신家臣들을 비롯하여, 그 '가'에 예속된 각종 신분의 노동자들을 포함하는 일정 규모의 공동체라는 것을 생각해야 한다.

따라서, 그 가장에겐 지금의 매우 작은 규모의 가족단위에 필요한 정도를 넘어서는 경영관리능력이 필요하였다. 즉 이때의 가정은 한 나라의 축소판이라 볼 수 있다. 『대학』에서 말하는 '가'와 '국' 사이에는 규모만 다르면서 경영관리의 원칙은 공유되는 유비類比관계가 있다. 이 점은 가장 큰 공동체인 '천하'의 단계에 가서도 마찬가지다. 그렇다면 다시 위에서 말하는바, 가장의 '가' 구성원들에 대한 사랑과 미움, 외경과 긍휼의 감정을 본다면, 가장에게는 상당한 정도의 경영능력이 필요하며, 이를 위해 가장이 그 공동체의 구성원들을 관리할 때는 공정한 마음 다스림이 필요하다고 할 수 있다. 또 가장이 '가'를 가지런히 함은, 한 나라의 수장이 한 나라를 다스리는 통치원칙을 미리 연습해 보는 사전 시뮬레이션의 역할을 한다고 볼 수 있다. 그리고 그 모든 다스림의 관건은 '수신'이라고 주장함이 『대학』의 기본 사상이다.

제11장
제가齊家, 치국治國, 평천하平天下
— 가족공동체의 확장과 그 경영

'수기치인修己治人', 자신을 다스리고 나서 남을 다스린다. 이 말처럼, 유가적 공동체 경영의 핵심은 그 관리책임자의 구성원에 대한 도덕적 감화력의 크기에 있다. 그래서 『대학』의 이른바 팔조목은 그 반이 '수기'에 할당되어 있고, 그 중요성은 오히려 『대학』의 대부분에 해당된다 해도 과언이 아니며, 그로부터 후대의 많은 철학사상이 파생되었다. 상대적으로 '치인'에 해당되는 내용은 적다. '치인'에 대한 내용은 그 정치적 현장의 행정, 경영의 실무적인 내용이 되어야 할 것이다. 그러나 『대학』 저자의 취지는 이러한 실무가 잘 되려면 공동체 책임자의 덕이 우선 함양되어야 함을 강조하는 데 있다.

『대학』이 나온 시대의 고대 유가사상 정치에 있어서 실무는 바로 '예禮'이다. 실제로 『예기』 내용의 대부분을 차지하는 것이 바로 이 실무적 예이다. 그런데 『대학』은 이 예의 운용대원칙을 말하는 것이다. 따라서 당연하게도 『대학』은 유가사상의 취지상 '수기'에 치중할 수밖에 없을 것이다. '예'의 구체적 내용을 말하는 것은 『대학』의 취지를 벗어난다. 『대학』에 있어서 '치인'에 대한 구체적 내용은 제도화된 예를 말하는 『예기』의 수많은 다른 편들에 위임되어 있다고 할 수 있다. 사실상 『대학』의 '치인' 부분에 해당하는 '제가', '치국', '평천하'는 유가철학사상사에 있어서 별 쟁점도 없다. 그래서 이제 『대학』에서 말하는 유가정치에 있어서 '치인'에 해당되는 이 '제가', '치국', '평천하'의 의미를 포괄적으로 언급하려 한다.

이미 말한 『대학』의 다른 부분도 그러했지만, 『대학』의 '치인' 부분도 역시 연쇄논법을 구사하여, '제가'를 말하면 곧 '치국'을 언급해야 하고, '치국'을 언급하면 이내 '평천하'를 논해야 한다. 더구나 이미 말했듯이, '가', '국', '천하'라는 공동체는 '가'에서 비롯된 가족공동체 관념의 확장이다. 즉, '가'와 '국'과 '천하'는 유비적 관계에 있다. '국'은 중규모의, '천하'는 대규모의 '가'인 셈이다.

여기서 말하는 이러한 공동체의 규모는 모두 중국의 하夏나라, 은殷나라 등의 상고시대부터 점차로 확립되어, 『대학』이 거론하는 주周나라의 봉건封建제도하에서 보다 명확해진다. 중국인의 이러한 관념은 이후에도 정치행정영역을 구분하는 기본 토대로서 작용하였다. 오늘날 한자어인 '국가國家'는 이러한 어원과 관계있지만 의미는 다르다. 오늘날 말하는 '국가'는 단일 개념으로서 '나라'를 말하지만, 『대학』에서 '국가'라 함은 '나라'인 '국'과 '집안'인 '가'를 이어 말한 것으로서 두 개념이 연결된 복합어이다. 즉, '국·가'인 것이다.

'국國'의 개념이 명확해진 요인이 된 주周나라의 봉건제도는, 주의 천자가 같은 성姓의 일족이나 주의 건국에 공을 세운 다른 성姓의 공신들에게 주의 통치영역을 분할해 이른바 봉토封土로 주어 다스리게 한 제도다. 이 각각의 봉토가 곧 '국'이다. 춘추시대의 경우를 예로 들면, 노魯나라, 제齊나라,

송宋나라, 위衛나라, 정鄭나라, 오吳나라, 월越나라, 초楚나라 등등 수많은 '나라'인 '국'이 있었다. 이러한 각 나라는 지방정부로서 지방자치권을 가지고 다스리며 주나라를 중앙정부로 섬기는 관계였다.

중앙정부인 주나라의 최고통치자는 천자天子로서 '왕王'이라 일컬었으며, 지방정부의 통치자는 제후諸侯로서 '공公'이라 일컬었다. 비록 우리가 흔히 이 중앙정부인 주周를 습관적으로 '주나라'라고 부르지만, '나라'라는 우리말에 해당되는 '국'은 지방정부를 일컫는 말이다. '주'는 바로 『대학』에서 이야기하는 당시의 '천하天下'를 대표하는 중앙정부였다. 즉, '주'의 천자는 하늘의 아들로서 천의 명, 즉 천명을 받아 '국'들인 지방정부들을 다스린다는 것이었다.[85]

이후 전국시대는 춘추시대 나라 간의 경쟁의 결과 상대적으로 보다 강한 나라가 다른 나라를 병탄하여 일곱의 강국으로 정리된 시대다. 그 시점은 춘추시대의 진晉나라가 조趙, 한韓, 위魏의 세 나라로 나뉘면서(이 세 나라는 원래 '진晉'에서 나뉘어 나왔으므로 '삼진三晉'이라 한다), 다른 네 강국, 즉 제齊, 진秦, 초楚, 연燕과 함께 당시 천하를 쟁패할 때부터다. 이들을 흔히 '전국칠웅戰國七雄'이라 부른다. 전국시대에는 이미 각 나라의 제후들이 중앙정부인 주를 무시하고, 스스로 모두 주의 천자를 지칭하던 '왕王'을 일컬으며, 새로이 천하를 통일하여 중앙정부의 천자가 되려 하였다.

맹자는, 당시 전국시대의 천하를 누가 통일하겠느냐는 물음에 사람 죽이기를 좋아하지 않는 사람이 천하를 통일할 것이라고 말했다.[86] 그런데 결과적으로 가장 사람 죽이기를 좋아하는 진秦나라가 천하를 통일했다. 맹자의 말처럼 사람 죽이기를 좋아하지 않는, 즉 잔혹하지 않은 통치자가 천하를 통일할 거라는 생각은, 바로 『대학』에서 말하는 바 '천하에 밝은 덕을 밝히려는 자'가 천하를 통일할 거라는 것으로서, 유가철학의 희망사항이었다. '천하에 밝은 덕을 밝힘'은 『대학』에서 '천하를 화평하게 함'이라는 '평천하'와 같은 취지였지만, 이 평천하는 천하를 '화평和平'하게 한다는 의미일 수도 있고, 천하를 '평정平定'한다는 의미일 수도 있다.

천하를 '평정'한다는 말에는 진시황秦始皇이 된 진왕秦王처럼 '힘'으로 그렇게 한다는 의미도 내포될 수 있다. 그러나

『대학』에서는 어디까지나 '덕'으로 천하를 평정하는 것, 곧 천하를 '화평'하게 하는 것이다. 그것이 천하에 밝은 덕을 밝히는 것이고, 이를 위한 로드맵을 제시한 것이 곧 『대학』이다. 이 단계적 과정이 곧 '격물'에서부터 이어져 와 마침내 '제가', '치국', '평천하'까지를 논하게 된 것이다. 그런데 이 『대학』에서 그러한 정치행위의 대상이 되는 '가', '국', '천하'는 이미 말한 대로 유비적으로 확대되는 가족공동체의 의미를 담고 있다. 『대학』에서 '치국', '평천하'를 논하면서 '제가'의 연장선상에서 말하는 이유가 곧 그것이다. 그러면 '국'과 '천하'를 확대된 가족공동체로 보는 『대학』의 관련 내용을 살펴보자.

『대학』에서는 먼저 '집안을 가지런히 함'인 '제가'와 '나라를 다스림'인 '치국'을 유비관계로 두고 집안 내의 덕목을 나라에도 적용한다. 그래서 이렇게 말한다.

> 효孝란 그것으로써 임금을 섬기는 덕목이다. 제弟란 그것으로써 윗사람을 섬기는 덕목이다. 자慈란 그것으로써 무리를 부리는 덕목이다.

孝者, 所以事君也; 弟者, 所以事長也; 慈者, 所以使衆也.

—『대학』「전9장」

'효孝', '제弟',[87] '자慈'는 기본적으로 '가'에 적용되는 덕목이다. 그런데 이를 '국'에 유비적 논리로 확대·적용했다. '효孝'는 가정에서 자식이 부모를 대하는 덕목이지만, 임금을 백성의 부모로 유비하여 이 덕목을 적용했다. '제弟'는 가정에서 동생이 형을 대하는 덕목에서 일반화되어 아랫사람이 윗사람을 대하는 덕목이 되었는데, 더 나아가 한 나라에서 지위가 낮은 자가 지위가 높은 자를 대하는 덕목으로 확대·적용했다. '자慈'는 가정에서 부모가 자식을 대하는 사랑의 덕목인데 한 나라에서 위정자가 인민대중을 대하는 덕목으로 확대·적용했다. 즉 나라를 큰 가정으로 보는 관점이다. 그래서『대학』에서는『서書』「주서周書·강고康誥」의 "갓난아이 보살피듯이 하라(如保赤子)"는 말을 인용하였다(『대학』「전9장」). 위정자가 백성의 부모라는 마인드를 가지고 백성에게 자식, 그것도 보호가 가장 필요한 갓난아이를 돌보듯 사랑을 베풀라는 취지다.

『대학』은 집안 경영과 나라 경영이 이처럼 동일한 원리로 이루어짐을 강조하였다. 그와 동시에 위정자가 자신의 집안을 집안 경영의 원리에 따라 충실히 잘 다스리면 그러한 행위가 나라에 영향을 미칠 수 있다고 주장하였다. 그 반대의 경우도 마찬가지다. 그래서 "한 집안이 인仁하면 한 나라가 인을 일으키고, 한 집안이 양보하면 한 나라가 양보를 일으키며, 한 사람이 탐려하면 한 나라가 난을 일으킨다(一家仁, 一國興仁; 一家讓, 一國興讓; 一人貪戾, 一國作亂)"(『대학』「전9장」)고 하였다. 이러한 논술은 '치국'하려면 왜 먼저 '제가'부터 해야 되는가를『대학』의 저자가 나름대로 증명해 보이기 위한 것이다.

『대학』의 저자는 '치국'과 '제가'의 연관성이 이전의 시詩에도 있다면서『시詩』의 시 중 그러한 면이 있는 몇 수를 인용하기도 했는데, 다소 견강부회의 억지스러운 논증이기도 하다. "복숭아나무 싱싱하여 그 잎새 무성하네. 이 아가씨 시집가서 그 집안 마땅케 하네(桃之夭夭, 其葉蓁蓁; 之子于歸, 宜其家人)"라는 시 구절을, "그 집안사람 합당케 한 후에 나라 사람을 가르칠 수 있다(宜其家人, 而后可以教國人)"는 의미로 해석하고, "형을 마땅케 하고 아우를 마땅케 하네(宜兄宜弟)" 라는 시 구절 역시, 그렇게 함으로써 나라 사람을 가르칠 수 있다고 연계하며, "그 위의威儀가 어긋남이 없으니, 이 사방의 나라를 바르게 하네(其儀不忒, 正是四國)"라는 시 구절을, "그 부자형제父子兄弟 됨이 충분히 본받을 만하게 된 후라야 백성들이 그러한 면을 본받는 것이다(其爲父子兄弟足法, 而后民法之也)"라고 연계하여 해석하였다. 어쨌든 의도는 '제가'와 '치국'의 연관성을 논증하려는 데 있다(『대학』「전9장」참조).

『대학』을 마무리 짓는 마지막 부분은 이제 마침내 '평천하'의 문제, 『대학』의 첫머리에서 이야기한 '명명덕어천하'의 문제가 된다. 이것은 유가의 이상사회인 '대동'사회를 이루는 목표점이다. 천하天下는 말 그대로 '하늘 아래'이다. 지금 현재로 말하면 지구의 세계 전체를 말하는 의미가 된다. 그러나 『대학』이 나온 당시의 지리 지식과 정치적 관심 영역으로는 곧 중국을 말한다. 그것도 오늘날의 영토를 가진 중국을 말하는 것도 아닌 황하黃河유역에서 장강長江(양쯔강揚子江) 언저리에 이르는 정도밖에 안 된다.

그래도 중국인은 자신들이 직접 경험할 수 있는 영역을

세계의 대부분이라 생각하여 지금까지도 쓰고 있는, 가운데라는 의미의 '중中'을 쓴 '중국中國'이라는 말이 생겨났다. 그들의 통치영역 외에 지리적으로 다른 공간영역이 없다고 생각하지는 않았지만, 그들의 영역이 세계의 대부분이고 최소한 세계의 중심이라고 생각한 것이다. 천하는 세계이고, 세계는 곧 당시의 중국이었다. 이러한 관념을 굳이 지리적 무지라고 말할 것까지는 없다. 인류 역사를 두고 볼 때 어느 문명권이든 자신들 영역 밖의 공간에 대해서 모를 때, 알더라도 그에 대한 구체적인 지식이 없을 때, 다 그러했기 때문이다. 동양이든 서양이든 고지도古地圖를 보면 알 수 있다.

어쨌든 『대학』에서 말하는 천하는 당시의 중국 천하이고, 그것은 앞에서 말한 '국'들로 구성되는 것이다. 그렇지만 이후 중국이 역사상 그 영토가 확장됨에 따라 『대학』에서 말하는 천하의 공간관념도 같이 확장되었다. 그래도 『대학』의 원취지가 지리적 공간의 크기에 따라 달라지는 것은 아니다. 『대학』의 사상적 의의를 오늘날에 적용한다 해도 마찬가지다. 이제 중국은 지구라는 세계 공간 속에서는 이미 하나의 '국'이 되었고, 지구 전체가 하나의 '천하'가 되었다. 그래도 『대학』의 취지는 그대로 적용될 수 있다. 예컨대 유엔에서 논의하는 세계의 문제가 곧 '천하'의 문제로 되는 것이고, 각국의 문제가 그대로 '국'의 문제가 되는 것이다.

『대학』 텍스트의 마무리 부분이 되는 '평천하'의 문제, 이 역시 '가'에서 '국'을 거쳐 온, 가족공동체 관념의 확장판이다. 그래서 '치국'의 문제가 '제가'에 그 관건이 있듯이, '평천하'의 문제 역시 '치국'의 문제에 그 관건이 있어서, 결국 '제가', '치국'으로 점차 확대되어 온, 가족공동체의 확장관념에 '평천하'의 관건이 있다.

『대학』에서는 "이른바 천하를 화평하게 함이 그 나라를 다스림에 있다는 것"의 의의를 설명하며 마무리하고 있다. 이 부분 즉 '치국'과 '평천하'의 연계성을 말하는 부분에서는 더 많은 이전 문헌들을 인용하면서 논증을 하려 하고 있는데, 이전의 유가적 전통사회에서는 합당한 논술로 받아들였지만, 사실상 그 논증방법이나 문체가 그다지 깔끔하지는 않다. 역시 '치국'과 '평천하'의 연계성을 말하려 한다는 취지 정도로 받아들일 수밖에 없다.

제12장

혈구지도 絜矩之道

그런데 『대학』 텍스트가 마무리되는 부분 중에 유가사상에서 의미 있는 부분들이 몇 군데 있다. 그중에서도 대표적인 것이 '혈구지도絜矩之道'에 관한 것이다. '혈구지도'는 공자의 유명한 '己所不欲, 勿施於人(자기가 하고 싶지 않은 것을 남에게 베풀지 말라)'(『논어』「안연顔淵」 및 「위영공衛靈公」)이라는 정언명제이다. 이는 그의 '서恕' 사상과 관련되는 유가의 중요한 사상용어의 하나이다. 『대학』에서는 '혈구지도'란 말을 이렇게 꺼내고 있다.

이른바 천하를 화평하게 함이 그 나라를 다스림에 있다는 것은, 위에서 노인을 노인으로 대접하면 백성들이 효孝를 일으키며, 위에서 어른을 어른으로 대접하면 백성들이 제弟를 일으키며, 위에서 고孤[88]를 불쌍하게 여기면 백성들이 배반하지 않게 된다는 것이다. 이래서 군자는 '혈구지도絜矩之道'를 지니는 것이다.

所謂平天下在治其國者: 上老老而民興孝, 上長長而民興弟, 上恤孤而民不倍. 是以君子有絜矩之道也.

—『대학』「전10장」

이 역시 나라를 가정의 확장판으로 보는 관점을 바탕으로 하여, 앞에서 말한 '효孝', '제弟(=제悌)', '자慈'의 덕목을 적용한 것이다. '효'와 '제'는 앞의 용어를 그대로 썼는데, '자慈'의 경우에는 앞의 "자慈란 그로써 무리를 부리는 덕목이다"란 말을 "위에서 고孤를 불쌍하게 여기면 백성들이 배반하지 않게 된다"는 문장 속에 풀어서 담았다. 외로운 사람들, 소외계층을 불쌍히 여김으로써 백성들이 배반하지 않게 되는 것이 결국 무리를 잘 부리는 방법이 된다는 것이다.

그런데 여기서 주된 핵심은 위정자, 지도층의 솔선수범에 있다. 지도층이 먼저 덕을 닦고 그 덕을 베풀어야 일반 백성들이 그 본을 본다는 말이다. 지도층이 먼저 잘해야 한다는 것은, 초기 로마의 사회지도층이 솔선수범하는 도덕의식에서부터 유래된 '노블레스 오블리주'를 연상케 한다. 그런데 '노블레스 오블리주'가 '의무'라는 말을 드러내어, 전쟁과 같은 국가적 일에 지도층이 앞장서는 등 희생적인 면이 있는 데 대해,『대학』에서 말하는 바의 위의 글은 사랑을 베푸는 일에 지도층이 앞장서야 한다는 면을 말하고 있다. 하지만 그 지향하는 바는 결국 마찬가지이다.

공자의 '충서忠恕'사상은 '인仁'을 실천하는 방법인데, '충'은 '내가 서고 싶으면 남을 먼저 서게 하고, 내가 다다르고 싶으면 남을 먼저 다다르게 하라'는 적극적인 면을, '서'는 '내가 하기 싫은 바를 남에게 먼저 베풀지 말라'는 소극적인 면을 말한다. 여기서 '서'는 곧 하기 싫은 일이나 궂은일은 남보다 먼저 나서서 하라는 것이다. 그중 이 '서'의 측면이 '노블레스 오블리주'와 통한다고 하겠다. 이 '서'는 바로 다음에 이어서 나오는 '혈구지도絜矩之道'를 정의하는 말에서 구체적으로 표현된다. 『대학』에서는 '혈구지도'를 이렇게 말하고 있다.

> 윗사람이 싫어하는 바로써 아래를 부리지 말 것이며, 아랫사람이 싫어하는 바로써 윗사람을 섬기지 말 것이며, 앞사람이 싫어하는 바로써 뒷사람에게 내세우지 말 것이며, 뒷사람이 싫어하는 바로써 앞사람을 따르게 하지 말 것이며, 오른쪽 사람이 싫어하는 바로써 왼쪽 사람과 교류하지 말 것이며, 왼쪽 사람이 싫어하는 바로써 오른쪽 사람과 교류하지 말 것이다. 이것을 일러 '혈구지도'라고 한다.
>
> 所惡於上, 毋以使下; 所惡於下, 毋以事上; 所惡於前, 毋以先後; 所惡於後, 毋以從前; 所惡於右, 毋以交於左; 所惡於左, 毋以交於右: 此之謂絜矩之道.
>
> —『대학』「전10장」

'혈구지도'의 '혈絜'은 '헤아리다, 재다'의 뜻이고, '구矩'는 원래 네모난 것의 기준이 되는 잣대의 의미에서 '법도', '규칙'의 의미도 가지게 되었다. 공자가 "七十而從心所欲, 不

踰矩[칠십 세가 되어서는 마음이 하고자 하는 바를 따라도 '법도(矩)'를 넘어서지 않았다]"라고 할 때의 '구矩'이다. 즉 행위의 준칙, 규범을 말한다. 그래서 '혈구지도'는 '행위의 준칙을 규정하는 대원칙'이라는 말이 된다. 이러한 대원칙은 아주 복잡하고 어려운 것이 아니다. '역지사지易地思之', 즉 입장 바꿔 생각해 보면 된다는 것이다. '혈구지도'는 공자의 '충·서' 중 '서'를 상세히 설명한 것이 되는데, 『대학』의 문장 자체만 보면 '혈구지도'는 '서'를 말하는 것이다. 그래도 그 취지를 볼 때 '충·서' 모두를 지칭한다고 볼 수 있다. 원래 '충·서' 자체가 동전의 양면과 같기 때문이다.

'충'은, 여러 친구가 피자를 먹다 마지막 남은 한 조각의 피자를 두고, 모두 아직 배가 차지 않아 먹고 싶음에도, 다른 사람에게 양보하는 것이다. 내가 먹고 싶으면 남도 먹고 싶을 것이기 때문이다. '서'는, 모두가 하기 싫은 화장실 청소를 누군가가 해야 한다면, 내가 희생정신을 발휘하여 그 청소를 하는 것이다. 내가 하기 싫은 것은 남도 하기 싫을 것이기 때문이다. 나라의 큰일이 있을 때, 예컨대 전쟁이 있을 때 로마시대의 귀족 등 고위층은 먼저 희생적으로 전장에 나가 싸웠다. 로마가 무너질 때는 이 '노블레스 오블리주'가 먼저 무너졌다. 우리는 임진왜란이 일어났을 때 누가 도망가고 누가 앞장서 싸웠는가를 역사에서 많이 배운다. 일제의 식민침탈이 있었을 때 누가 희생적으로 독립투쟁에 나섰으며, 누가 일제에 나라를 팔아먹고 또 협력했는지를 역시 많이 배운다.

『대학』의 '혈구지도'는 보통 사람의 일상생활에서뿐만 아니라 나라와 천하 경영의 대원칙이 되어야 한다는 것이 그 저자의 주장이다. 그래야 천하를 화평하게 할 수 있다. 그것이 밝은 덕을 천하에 밝히는 것이다. 즉, 유가의 이상사회인 대동사회가 이러해야 한다는 것이다. 서로가 서로의 입장을 이해하고 배려하고 양보하는 사회 말이다. 『대학』에서는 이러한 '혈구지도'가 옳다는 것을 증명하기 위해 여기서 『시詩』를 인용하여 솔선수범을 시와 관련된 사례로 말하였다.

『대학』에서는 그다음으로, 천하를 경영함에 있어 위정자, 지도층이 인민백성의 지지를 잃지 않을 대원칙을 말하였다. 중국에서는 상고시대부터 천하를 통치하는 자의 권력은 하늘이 준다고 생각했다. 하늘의 명 즉 천명으로서 말이다. 그 천명의 계시가 직접 어떤 자연물의 상징으로 주어진다는 종교적 사상도 있어서 그것이 '참위讖緯'사상이 되었다. 그런데 유가사상가들은 그 천명을 인민백성과 연계하였다. 우리가 흔히 말하는 민심民心이 천심天心이라는 것이다. 그래서 『서書』에 "하늘이 볼 때는 우리 백성들을 통해서 보고, 하늘이 들을 때는 우리 백성들을 통해서 듣는다(天視自我民視, 天聽自我民聽)"(『서書』「주서周書 · 태서泰誓」)[89]라고 했다. 이것을 오늘날 우리는 '민본주의民本主義'라고 해석한다. 그러나 이 사상이 모든 권력은 국민으로부터 나온다는 오늘날의 '민주주의民主主義'에까지 이른 것은 아니다. 중국 고대에는, 모든 권력은 어디까지나 하늘로부터 주어지는 것이라 여겼기 때문이다.

주나라에서는 걸핏하면 은나라의 실정을 비판하였다. 역시 주나라 중심의 사고에 있는 『대학』도 은나라의 실정을 말하였는데, 『시』 속에 표현된 것을 들먹였다. "은나라가 아직 백성을 잃지 않았을 때는 상제上帝와 함께할 수 있었지. 마땅히 은나라를 거울삼아 볼지니. 큰 명은 쉽지 않도다(殷

之未喪師, 克配上帝; 儀監于殷, 峻命不易)"(『대학』「전10장」)라는 시이다. 이를 두고 『대학』에서는 "민중을 얻으면 나라를 얻고, 민중을 잃으면 나라를 잃음을 말한다(道得衆則得國, 失衆則失國)"라고 하였다. 이때 '나라'라고 했지만 은의 천하에서 주의 천하로 권력이 넘어갔으니 결국 당시 중국 천하를 말함이다.

그러면 천명을 잃음으로 인해 나라를 잃는 일이 없으려면 어떻게 해야 하는가. 백성의 지지를 얻어야 한다. 어떻게 해야 백성의 지지를 얻는가. 그 최우선의 관건은 결국 누차 이야기하는 '덕德'이다. 그래서 『대학』은 말한다. "덕이 있으면 이에 사람이 있게 되고, 사람이 있으면 이에 땅이 있게 되고, 땅이 있으면 이에 재화가 있게 되고, 재화가 있으면 이에 쓰임이 있게 된다(有德此有人, 有人此有土, 有土此有財, 有財此有用)"(『대학』「전10장」)라고. 우선순위가 '덕'-'사람'-'땅'-'재화'-'쓰임'이다. 오늘날 물신숭배物神崇拜의 자본주의 경제관념과 역순이다.

이를 미리 안 듯 『대학』은 이어서 말한다. "덕이라는 것이 근본이고, 재화라는 것은 말단이다. 근본을 밖으로 하고 말단을 안으로 하면 백성을 다투게 만들고 약탈을 행하게 한다. 이런 까닭으로 (위정자가) 재화를 (자기 쪽으로) 모으면 백성들은 흩어지고, (백성들 쪽으로) 재물이 흩어지면 백성들이 모이는 것이다"라고. 오늘날을 말하는 것 같다. 1%의 '탐욕'이 99%의 부를 블랙홀처럼 빨아들이고, 99%의 인민백성이 '생존'을 위하여 1%의 부를 다투는 세상으로 치닫는 오늘날을 보면 알 것이다. 나라도 천하도 다 그렇지 않은가. 「예운」에서도 이미 보았다. 대도가 사라져 대동사회가 끝나고, 사적 소유가 시작된 소강사회에서 세습과 상속으로 기득권이 공고화되고, 그러한 사회가 그마저도 그 탐욕의 끝판으로 간 세상. 그래서 『대학』은 다시 '대동'으로 가기 위하여 덕을 앞세웠다.

『대학』은 이와 관련하여 세상을 이끌기 위한 또 다른 원칙을 말하였다. 『맹자』 제일 첫머리 「양혜왕梁惠王」편의 '하필왈리何必曰利'장은 첫머리에 있다는 의미 이상으로 유명하다. 군자의 행동원칙을 말하였기 때문이다. 맹자가 양梁나라(즉 위魏나라) 혜왕惠王을 만났을 때 양혜왕은 물었다. "노인장께서 천리千里를 멀다 하지 않고 오셨으니 앞으로 우리나라에 이利될 것이 있겠습니까?(叟不遠千里而來, 亦將有以利吾國乎?)" 이에 맹자는 "왕께서는 하필이면 이利를 말하십니까? 오직 인仁과 의義가 있을 따름입니다(王何必曰利? 亦有仁義而已矣)"라고 응수하였다. 그리고는, 나라의 위아래가 모두 이익(利)을 추구한다면 모든 구성원이 이익만을 탐하는 세상이 될 것이라고 경고했다.

의義를 추구하는 가치관과 이利를 추구하는 가치관은, 공자가 군자와 소인을 구분하는 기준 중 하나임을 이미 말하였다. 『맹자』 속의 위의 대화 후 유가사상에서는 '의리지변義利之辨' 즉 '의義와 이利의 구분에 대한 논의'가 더 활발해졌다. 『대학』 역시 이러한 입장을 표명하여, 끝으로 선善, 인仁을 강조하고 의義를 추구하는 사회 대원칙을 주장한다. 그래서 『대학』에서는 "나라는 이익으로 이익을 삼을 것이 아니라 의로써 이익을 삼아야 한다(國不以利爲利, 以義爲利也)"(『대학』「전10장」)라고 말한다.

또, 국가의 '재용財用'을 늘리는 일은 소인들이 잘하지만, 그들로 하여금 직접 국가 경영을 하게 하면 재해가 아울러 이를 것이라고 경고한다. 국가의 물산을 확대하고 경제를 활성화하는 데는 소인의 재주가 쓸모가 있다. 왜냐하면 그들은 이利에 밝기 때문이다. 특히 자신의 이익을 밝히는 데 재주가 있다. 그래서 그들은 얻어진 이익을 그 자신과 가족들을 위해 쓰고 소유하려 한다. 즉 소인이 국가를 경영하면 국가의 이익이 소인의 사적 소유에 몰려 결국 국가에 재해가 이를 것이라는『대학』의 경고인 것이다.

국가라는 공동체, 그리고 천하라는 공동체의 경영은 국가경제 총량을 늘리는 것만이 본질이 아니다. 국가의 GDP가 아무리 높아도 그것이 일부에 몰리는 정치를 한다면 그것은 옳은 정치가 아니다. 모두가 고루 잘사는 경제정의가 바른 정치의 본질이기 때문이다. 그러한 것을 위한 경제정의의 원칙이 곧 '인'과 '의'이다. 또한 이러한 정치가 이상적으로 이루어진 사회가 '대동'사회이다.

에필로그

1. 『대학』은(이 문헌과 짝을 이루는 『중용』도) 중국의 문헌이지만, 오랜 세월 동안 동아시아의 철학에 영향을 주어 왔던 문헌이다. 그리고 우리나라의 입장에서는 조선왕조의 지배 이데올로기의 구심점 역할을 했던 문헌 중 하나이기도 하였으니, 역사적으로 지금으로부터 아주 가까운 시기까지 우리가 영향을 받았던 문헌이다. 그리고 오늘날에는 이제 역사적 의미를 넘어 그 보편적 의미를 탐구하기 위해서, 그리고 교양서로서 새로운 역할을 부여받은 문헌이기도 하다.

지금까지의 우리 문화에 많은 영향을 미친 만큼 오늘날

까지도 이 문헌에 대한 연구도 많았고, 지금도 서점에는 이 문헌에 대한 많은 전문가들의 다양한 번역서, 해설서가 나와 있다. 이 중에는 조선시대적 관점의 연장선상에 있는 전통적 해석도, 현대인의 교훈서, 교양서로서의 새로운 시각이라는 명분을 내세운 해석도 있다. 그렇다면 이 문헌에서 우리는 과연 오늘날 무엇을 얻을 수 있을까.

이 문헌들은 유교적 전통사회에서 진리를 담은 문헌이라는 의미의 '경전經典'으로서 대접받아 왔으므로, 그 시대에는 불교의 경전처럼, 기독교의 바이블처럼 공고한 지위를 가졌었다. 그 영향인지 오늘날에도 많은 해석가들이 그 내용의 가치에 대해서 대체로 찬탄의 태도를 가지고 있고, 때로는 신비화하려는 태도까지도 보게 된다.

그런데, 과연 『대학』(그리고 『중용』)이 오늘날에도 여전히 진리성을 담고 있는 경전의 역할을 할 수 있을까. 과연 그렇게 보기에 아쉬운 내용이 없을까. 보편적 진리성에 있어서 '털어서 먼지 나지 않는' 문헌일까. 필자는 종교인이 아닌 철학을 공부해 온 철학인이다. 어떤 명제들을 접하면 의심하고 검증하는 태도를 지녀야 한다고 배웠다. 이 문헌을 철학인의 입장에서 비판적, 반성적 태도로 보면 어떨까. 아쉬운 점이 없을까.

필자는 『대학』을 소개하기 위해 이 책의 도입부에 먼저 『대학』이 지향하는 목표를 말할 필요성을 느꼈다. 그래서 유가의 이상사회를 말하고 있는 『예기』「예운」을 소개하였다. 『대학』이, 그리고 『대학』의 짝인 『중용』이 유가서이므로 역시 그 목표가 담긴 「예운」이 중요하다고 여겼기 때문이다. 「예운」에서는 유가의 최종목표가 '대동'의 사회로 그려지고 있다. 그렇다면 『대학』·『중용』 및 그 외의 다른 유가서에서도 그 최종목표는 '대동'의 사회가 되어야 할 것이다. 실제 여러 해석가들도 그렇게 말하고 있다.

그런데, 그렇게 전제한다면 계속 뇌리에 떠도는 의문이 있다. 왜냐하면 공자는, 『논어』의 내용상으로는 '주례'의 회복을 우선 과제로 삼았는데, 이 '주례'의 사회는 '대동'의 사회가 아니라 '소강'의 사회이기 때문이다. 그렇다면 공자의 당면목표가 '소강'사회가 되는 셈이다. 그럼에도 공자가 지향했던 최종목표가 '대동'사회가 아니라고도 할 수 없다. 『대학』이 지향한 사회가 어떤 사회인가 하는 문제도 마찬가지다.

사실상 『대학』 내용 자체만을 두고 본다면, 당면목표인 '소강'의 실현에 급급했는지, 멀지만 '대동'을 지향했는지 명확하게 선을 그을 수는 없다. 이렇게 불명확한 점이 있는 이유는, 『논어』 외에 『예기』「예운」이나 『대학』, 『중용』이 그 내용으로는 공자의 말을 표방하고 있지만 과연 실제 어느 정도 공자와 관련이 있는가가 불명확하다는 점 때문이기도 하다.

만일 『논어』 중의 공자의 말과 「예운」의 내용을 연관시킬 수 있다면 이렇게 볼 수도 있다. 즉, 유가정치의 최고이상은 '대동'이지만, 그 실현은 지극히 어려워 공자는 우선 당시 현실을 감안하여 '주례'의 회복이라는 차선의 '소강'을 현실적 목표로 삼은 것으로 볼 수도 있다. 그렇지만 '대동'을 이상으로 보면서도 '소강'을 현실적 목표로 삼는 것은 '주례'라는 기존 체제질서의 기득권을 인정하는 타협이다. 즉 세습과 상속을 통해 유지되는 기존 질서의 신분제를 인정함을 전제로 한, 기존 체제의 복구와 안정이 공자의 당면 목표가 되고, 그러면서도 저 멀리 산 넘어 신기루 같고 무지개 같은 요순시대의 '대동'의 이상을 막연히 바라본 것이 되는 셈이다.

여기다가 『대학』, 『중용』까지 덧붙여 연관시킨다면, 과연 『대학』과 『중용』의 목표는 무엇인가도 문제로 부각되고 만다. 공자의 목표, 그리고 『대학』과 『중용』의 목표가 진정 무엇인가가 불명확한 것이 아쉽다. 그리고 그 목표가 만일 '소강'에 제한된다면, 이미 말한 '소강'사회의 성격을 생각해 볼 때 그 지향하는 가치에 대해 또 아쉬움이 생기는 것이다.

또, 우리는 다음과 같은 점도 생각해 볼 필요가 있다. 『대학』에서 추구하는 사회는 천하가 가족공동체로 된 사회이다. 즉, 그 사회는 '가家'라는 기본 가족공동체에서 출발하여 '국國'이란 더 확대된 가족공동체, 최종적으로는 '천하天下'라는 더욱더 확대된 가족공동체의 사회이다. 그리고 위정자는 '백성의 부모'라고 말한다. 천하가 하나의 집안이고 천하 사람 모두가 하나의 가족임을 추구한다. 코즈모폴리터니즘cosmopolitanism, 즉 세계시민주의, 사해동포주의이다. 그런데 이런 식의 가족공동체 관념이 과연 바람직한 것인가.

본문에서 살펴본바 『대학』에서 말하는 이러한 사회 구성원이 가져야 할 덕목은 여전히 '가家'에서 추구되던 '효孝', '제弟', '자慈'로서, 그러한 덕목들을 확대된 가족공동체에도 유비하여 적용한다. 이때 통치자는 피통치자인 백성을 '자慈'의 사랑으로 대하여 그들을 위해 정치를 해야 할 것이다. 그에 대해, 피통치자인 백성은 최고통치자와 그를 보위하는 통치계급에 대해 부모와 형을 대하듯 '효'와 '제'의 공경을 하며 복종해야 할 것이다. 그러나 양쪽 모두 사랑으로 배려할 때만이 긍정적 의미가 있다. 그러나 세상의 정치현실이 그런가. 무엇보다 '유교'를 통치이념으로 삼았던 왕조의 역사가 그렇지 않았다.

유교이념으로는, 한 집안에서 자식은 부모에게, 동생은 형에게 공손해야 한다. 전통사회의 한 가정에서 아랫사람이 윗사람의 뜻을 거역하기 어렵듯, 그 확대판인 나라와 천하도 그 연장선상에 있어 왔다. 나라와 천하라는 집안에서는 '자慈'보다는 '효孝'와 '제弟'가 더 강조되었다. 지배계급들은 '효'와 '제'를 앞세우면서도 백성에 대한 '자'의 사랑에는 인색하였을 뿐만 아니라, 오히려 가렴주구苛斂誅求의 착취를 일삼았던 경우가 유교왕조사에서 너무나 흔한 일이었음을 우리는 역사에서 배운다.

이렇게 나라와 천하를 가족공동체로 여기도록 하는 유교의 사회사상에는 다음과 같은 문제도 있다. 인간사회에서 가족은 혈연공동체이다. 부모와 자식은 천륜天倫이다. 그러나 통치자, 통치계급과 백성은 그런 관계가 아닌 정치적 관계이다. 그럼에도 혈연공동체의 운영원칙을 가져와 적용하였다. 정치공동체를 가족공동체로 간주할 때의 긍정적인 의의도 있지만, 피통치자의 정치적 권익을 통치계급이 가부장적 권위로 억누르는 부정적인 면도 있음을 생각해야 한다.[90]

이러한 부정적인 면은 기득권층이 부모로 행세하며 인민 백성에게 '효'에 빗댄 충성을 강요하여 자신들의 이익을 지키는 술책으로 악용될 수 있는 것이다. 우리가 『대학』이나 『중용』을 생각하면 흔히 우리 자신들의 도덕수양과 관련되는 심성론을 먼저 떠올린다. 그럼에도 이들 문헌의 내용 이면에는 이러한 봉건통치의 부정성否定性이 내재되어 있음이 참으로 아쉽다.

2. 『대학』에 이러한 아쉬운 면이 있다면 그 가치는 어떻게 되는 걸까? 그런데 『대학』의 부정적 면은 대체로 그 문헌의 사상이 마련될 때의 시대적 한계에 기인한 것이다. 즉 인류문명의 발전과정상에서 거치게 되는 봉건적 요소, 그리고 그 사상이 성립된 문화권의 환경적 요소에 기인한 것이다. 또 한 가지 더 말한다면, 인간의 근원적 탐욕을 일시에 해결할 수 없는 현실 때문에 감안할 수밖에 없는 전략적 절충에서 기인한 것도 있다. 이것은 곧 당장의 현실을 고려한 '소강'의 목표를 딛고 최종목표인 '대동'으로 가는 과정이기도 하다. 이러한 여러 가지 요인이 그 당시의 기득권에 유리한 체제옹호적 측면으로 나타났다.

그러나 이러한 말하기 불편한 요인이 『대학』(과 『중용』)이 지향해야 할 보편적 진리성의 가치까지도 모조리 폐기할 사유가 되는 것은 아니다. 부정적인 것은 여전히 부정적인 것이다. 그렇지만 이러한 부정적 요소들을 떨어낸다면, 즉 방금 말한 당시 체제를 위한 부분을 빼고 말한다면 『대학』의 진정한 가치가 드러날 수 있다고 생각된다. 그것이 『대학』의 보편적, 통시대적 가치이다.

필자는 여기서 『대학』에 내재해 있는 부정적 요소를 먼저 부각하여 드러내었지만, 『대학』에는 부정적 요소보다 더 많은 긍정적 요소들이 있다고 할 수 있다. 『대학』의 사상은 많은 사회사상들이 그렇듯이 인간사회에 내재한 모순과 갈등을 해결하려는 목적을 가지고 있다. 그 모순과 갈등의 원인은 인간 내부에 있을 수도 있고, 인간 외부의 사회구조적 문제에 기인할 수도 있다. 그런데 『대학』(과 『중용』)은 그 원인을 인간 내부에서 찾고 인간 주체의 자기반성을 촉구하고 있다. 이것이 이 문헌(들)의 장점이다.

이것은 사회구조적 문제를 외면한 지극히 낭만적 관점으로 보일 수 있다. 그러나 사회구조적 문제도 인간이 만드는 것이라는 점에서, 역시 인간의 모든 것은 인간 자신의 문제로 수렴된다는 것이다. 사실상 유가의 사상은 근본적으로 출세간出世間적인 사상이 아니어서 사회의 문제를 사회를 떠난 인간 내부의 문제로만 돌리는 사상도 아니다. 그럼에도 인간사회 문제 해결의 관건은 결국 인간 자신에게 있다는 점을 강조하는 것이고, 그것은 『대학』에 있어서 도덕주체로서의 인간 자신의 도덕성을 제고하여 사회 문제를 근본적으로 해결하려는 노력으로 나타나는 것이다.

『대학』의 사상은 온통 주체에만 몰입하여 사회를 벗어나는 것으로 문제를 해결하려는 출세간적 사상과는 다르게 현실에 발을 딛고 바로 지금 여기서 우리 자신을 개조하려는 노력이므로, 비록 목표에 도달하는 과정이 쉽지는 않으나 적어도 본질적으로 공허하지는 않은 사상이다. 『대학』(과 『중용』)의 사상은 근본적으로 인간을 신뢰하는 데서 출발한다. 『대학』은 인간의 주체성을 선천적으로 내재한 도덕적 역량으로 파악하고 그것을 '명덕明德' 즉 '밝은 덕'이라 부른다. 이러한 인간에 대한 신뢰에서 출발하여, 우리가 우리 자신의 도덕적 역량을 높이는 것이 문제 해결의 첫 단추라 생각하는 것이다.

그런데 이것은 그 목적이 단순히 자신만 선하게 살면 된다는 개인적 차원에 머무는 것이 아니다. 그 궁극목적은 사회를 선하게 만드는 데 있다. 자신의 개조는 곧 사회의 개조를 위한 것이고, 나아가 사회의 이익을 위한 것이다. 그것이 정치적으로 인민백성 즉 '민民'을 위한 것으로 나타난다. 그러면서 이 주체 개조와 사회 개조의 목표도 적당한 타협 없이 최고조의 이상 즉 '지선至善'의 상태로 설정한다.

이러한 대전제에서 출발한 『대학』은 그 '지선'의 상태를 사회 개조의 최고이상으로서의 천하 문제 해결 즉 '평천하'를 궁극목적으로 설정하고, 이 궁극목적 달성의 관건은 역시 인간 자신의 도덕성 제고에 있다는 전제하에, 이른바 '수신'의 도덕주체 개조작업의 프로그램을 제시한다. 그 구체적 과정이 곧 '격물格物', '치지致知', '성의誠意', '정심正心'이다.

이러한 세밀한 프로그램의 철학적 가치는, 『대학』 사상의 탄생 배경이 비록 봉건적이더라도, 우리가 그러한 부정적 요소를 떨어낸다면 통시대적으로 빛날 수 있는 것이다. 더구나 남을 속이지 않음은 물론이고 자신도 속이지 않을 정도의 철저한 도덕성 추구라는 '신독愼獨'은, 위선으로 세상을 기만하는 소인들, 특히 지도층 소인들에게 경종을 울린다.

주석

01 원래의 국명은 '상(商)'이다. '은(殷)'은 사실상 상왕조의 마지막 수도였다. 은이라는 명칭은 상왕조를 멸망시킨 주(周)가 상을 낮추어 부른 데서 유래되었다고 한다.

02 『예기(禮記)』「예운(禮運)」의 '대동(大同)'에 관한 원문을 현대적으로 각색하여 표현하였다. 다음의 '소강(小康)'에 관한 부분도 마찬가지다. '대동'에 관한 원문은 昔者仲尼與於蜡賓, 事畢, 出遊於觀之上. 喟然而嘆. 仲尼之嘆, 蓋嘆魯也. 言偃在側, 曰: "君子何嘆?" 孔子曰: "大道之行也, 與三代之英, 丘未之逮也, 而有志焉. 大道之行也, 天下爲公, 選賢與能, 講信修睦. 故人不獨親其親, 不獨子其子, 使老有所終, 壯有所用, 幼有所長, 矜寡孤獨廢疾者皆有所養, 男有分, 女有歸. 貨惡其弃於地也, 不必藏於己; 力惡其不出於身也, 不必爲己. 是故謀閉而不興, 盜竊亂賊而不作, 故外戶而不閉, 是謂大同"이다.

03 이 노래는 '격양가(擊壤歌)' 즉 '땅을 두드리며 부르는 노래'라는 것으로서 후한[後漢, 동한(東漢)]의 황보밀(皇甫謐)이 편찬한 『제왕세기(帝王世紀)』에 수록되어 있다. 『제왕세기』란 책은 한대(漢代)의 유명한 역사책인 사마천[司馬遷, B.C.145~B.C.86, 자(字)는 자장(子長)]의 『사기(史記)』나 반고(班固)의 『한서(漢書)』에서 이야기되지 않은 내용들을 수록하고 있다. '격양가'는 자연스러우면서도 이상적인 정치가 이루어지던 요순(堯舜)시대의 모습을 그리고 있다고 말해진다. 정치권력의 영향력을 인민이 강하게 피부로 느낄 정도의 세상은 폭압적인 정치가 이루어지는 세상이거

나 적어도 인민이 불편한 세상이다. 이상적인 정치가 이루어지는 세상은 인민이 통치자가 존재하는지도 모를 정도로 자연스러운 세상이다. 현대사회의 권위적 정권은 인민이 사는 동네방네 자신의 사진을 붙이고 동상을 세우며 그 존재를 부각하고 심지어 우상화하기까지 한다. 요(堯) 임금은 자신이 정치를 잘하고 있는지 궁금하여 몰래 백성들 속에 들어가서 민정을 살폈다 하는데, 백성들에게 지금 천하를 다스리고 있는 임금이 누구냐고 물으니, 백성들이 임금이 누군지도 모르고 오직 자신들의 생활만 행복하게 누려 가고 있음을 보고, 자신이 정치를 잘하고 있구나 하고 만족했다고 한다. 그러한 상황이 묘사된 노래가 '격양가'이고 동시에 대동사회의 모습이다.

04 『예기』「예운」: "今大道既隱, 天下爲家, 各親其親, 各子其子, 貨力爲己, 大人世及以爲禮, 城郭溝池以爲固. 禮義以爲紀, 以正君臣, 以篤父子, 以睦兄弟, 以和夫婦, 以設制度, 以立田里, 以賢勇知, 以功爲己. 故謀用是作, 而兵由此起, 禹湯文武成王周公, 由此其選也. 此六君子者, 未有不謹於禮者也. 以著其義, 以考其信, 著有過, 刑仁講讓, 示民有常. 如有不由此者, 在埶者去, 衆以爲殃. 是謂小康."

05 현재 중국(중화인민공화국)에서 추구하는 당면목표가 곧 '소강(샤오캉)사회'인데, 그 용어가 바로 이 「예운」에서 나온 것이다. 중국은, '샤오캉(小康)사회'를 의식주 걱정하지 않는 물질적으로 안락한 사회, 비교적 잘사는 중산층의 사회로 규정하고, 2002년 당시 장쩌민(江澤民) 국가주석이 16차 당대회에서 "2020년까지 전면적인 샤오캉사회를 달성하겠다"고 말하였다. 그리고 궁극적인 사회의 목표를 '완벽한 평등, 안락, 평화가 있는 사회'로서의 '대동(大同)사회'로 삼고, 그 전 단계로 샤오캉사회를 말하고 있다. 그런데 「예운」에서의 원래 의미와 비교할 필요가 있다.

06 계(啓)가 백익(伯益)을 죽이고 자리를 차지했다는 설도 있다.

07 다산(茶山) 정약용(丁若鏞, 1762~1836)은 그의 시 〈여름날 술을 앞에 놓고(夏日對酒)〉에서 이렇게 당시 조선사회를 풍자했다. 한 백성의 자식이

글공부하고 무에 익혀 입신출세하려 해도, 그 아비가 '너는 지체가 낮아 아무리 노력해도 소용없다' 하니, 책이고 활이고 던져 버리고 노름만 일삼고, 한 부호의 자식에겐 객(客)들이 '너의 집은 하늘이 복 내린 집이고, 너의 벼슬도 하늘이 정해 놓았으니 노력하지 않아도 높은 벼슬 절로 온다 하니', 역시 책상자 거들떠보지 않고 노름만 일삼는다고 하면서, 이로 인해 온 세상에 인재가 없어진다고 하였다. 이러한 것이 모두 세습과 상속으로 인한 병폐인 것이다. 이런 문제의식은 서양의 경우 플라톤(Platōn, B.C.427~B.C.347)에게도 있었다. 그래서 그가 구상한 이상국가 역시 세습과 상속을 배제한 것이었다. 이 때문에 플라톤은 국가를 구성하는 3대 부분을 통치자, 수호자, 생산자로 둔다는 전제하에, 한 대의 통치자, 수호자, 생산자 계층이 성립되면 그다음 대에는 전대의 통치자, 수호자, 생산자 신분을 후대에 세습시키지 않고, 국가 관리하에 후대를 새로운 출발선에서 시작하도록 해야 한다는 주장을 폈다. 대동의 공천하와 기본 발상이 유사하다.

08 「예운」의 소강을 이야기하는 부분에 "만약 이 규범을 따르지 않는 자가 있으면, 비록 그가 권세영역에 진입해 있는 자라 하더라도 제거하여 민중들이 그를 재앙으로 여기었다"는 말이 이 '걸'과 '주'의 경우에 해당된다 하겠다.

09 한때 정계에서 밀려난 적이 있는 강태공은, 지금 우리가 중국의 셴양(咸陽, 함양), 시안(西安, 서안)[창안(長安, 장안)] 여행을 갈 때 셴양 공항에 내려 시안으로 들어가면서 건너게 되는 웨이쉐이(渭水, 위수)라는 강에서 낚시하며 세월을 낚다가 발탁되어 쿠데타에 참여했다. 백이, 숙제는 신하가 임금에 대해 하극상(下剋上)하면서 반란을 일으키면 안 된다고 반대하다가, 무왕이 쿠데타를 감행하자 소우양산(首陽山, 수양산)에 은거하며 주나라 곡식은 먹지 않겠다면서 고사리를 캐 먹다 죽었다고 한다.

10 임금으로서 즉위(卽位)했었다는 설도 있다.

11 齊景公問政於孔子. 孔子對曰: "君君, 臣臣, 父父, 子子." 公曰: "善哉! 信

如君不君, 臣不臣, 父不父, 子不子, 雖有粟, 吾得而食諸?" [『논어(論語)』「안연(顔淵)」].

12 이 사상은 이후 세월을 훌쩍 뛰어넘어 청대 말 캉유웨이의 저서 『대동서』의 '태평세(太平世)', '승평세(升平世)', '거란세(據亂世)'의 삼단계론까지 이어진다.

13 훗날 북송대의 소옹[邵雍, 1011~1077, 자(字)는 요부(堯夫), 시호가 강절(康節)이어서 흔히 소강절(邵康節)이라 일컬음]의 주장으로 말해지는 다음과 같은 학설이 있다. 즉, 요순 이전 원시 상태에서 인류가 발전해 나가 요순의 이상시대를 그 정점으로 하고, 요순 이후로는 쇠퇴해 가, 급기야는 모든 것이 소멸해 버린다고 하며, 그 과정을 『주역(周易)』의 괘로 설명한 것이다. 그것은 복괘(復卦, ䷗), 임괘(臨卦, ䷒), 태괘(泰卦, ䷊), 대장괘(大壯卦, ䷡), 쾌괘(夬卦, ䷪), 건괘(乾卦, ䷀), 구괘(姤卦, ䷫), 둔괘(遯卦, ䷠), 비괘(否卦, ䷋), 관괘(觀卦, ䷓), 박괘(剝卦, ䷖), 곤괘(坤卦, ䷁)까지의 12개의 괘[卦, 이를 12벽괘(辟卦)라 부른다]에서 보여지는 양(陽, ─)과 음(陰, --)의 순환과정이다. 여기서 군자를 상징하는 양이 최고조에 달하여 괘의 여섯 획 모두가 양인 건괘(乾卦, ䷀)가 곧 요순시대인 대동의 시대이다. 이것은 「예운」에서 착안하여 『주역』에 결부한 것이다.

14 '대동(大同)'이란 말이 문헌적으로 처음 나오는 곳은 『서(書)』[우리는 흔히 유교경전으로서 『서경(書經)』이라 부른다]이다.

15 子貢曰: "如有博施於民而能濟衆, 何如? 可謂仁乎?" 子曰: "何事於仁, 必也聖乎! 堯舜其猶病諸!" [『논어』「옹야(雍也)」].

16 子路問君子. 子曰: "修己以敬." 曰: "如斯而已乎?" 曰: "修己以安人." 曰: "如斯而已乎?" 曰: "修己以安百姓. 修己以安百姓, 堯舜其猶病諸!" [『논어』「헌문(憲問)」].

17 음양은 『주역(周易)』의 개념이고, 오행은 『서(書)』「주서(周書)·홍범(洪範)」에 처음 나온다.

18 펑유란(馮友蘭, 풍우란, 1894~1990)은 「예운」에서 말하는 대동의 '천하위

공(天下爲公)'사상은 "한조(漢朝)의 사람에 의해 추가된 것으로 말할 수 있을 뿐이며, 공자사상의 한조에서의 발전이라고 말할 수는 있어도 바로 공자사상이라고 말할 수는 없다"고 하였다[『중국철학사신편(中國哲學史新編)』].

19 『예기』의 한 편으로서의 「대학」, 「중용」은 이렇게 「 」의 기호로 표현해야 할 것이고, 이후 독립된 단행본으로서의 『대학』, 『중용』은 이렇게 『 』의 기호로 표현해야 할 것이다. 상황에 따라 표기할 것이다.

20 '유가사상(儒家思想)', '유가철학(儒家哲學)', '유교(儒敎)', '유교철학(儒敎哲學)', '유학(儒學)' 등의 표현은 그 의미들이 서로 완전히 같지는 않다. 우선 '유가'는 학파의 명칭이다. 이는 춘추전국시대의 여러 사상가들과 그들에 관련된 학파를 말하는 '제자백가'의 '백가' 중 한 학파로서의 '유가'이다. '제자(諸子)'는 당시 활동한 여러 사상가들을 '여러 선생님'이라는 표현으로 쓰는 것이다. '백가(百家)'는 당시에 활동한 사상가들을 훗날 한대(漢代)에 가서 사상의 근접성에 따라 분류하면서 쓰인 '온갖 학파'의 의미다. 그래서 '유가사상'은 그 학파의 사상이라는 의미다. '유가사상'과 '유가철학'의 차이는 '유가'의 '사상'과 '유가'의 '철학'의 차이인데, '사상'은 인간의 정신활동을 폭넓게 이야기하는 것이고 '철학'은 그중의 하나로서의 '철학사상'이다. 즉 여러 사상, 예컨대 '종교사상', '문학사상', '정치사상', '예술사상' … 등 중의 하나이다. '유가사상'이란, '유가'의 철학사상 외에 다른 분야들도 폭넓게 포괄하여 지칭하는 것이다. '유교'에는 두 가지 의미가 있다. 우선 '유가사상'이 한대(漢代)에 국가 이데올로기로서 조직화된 통치이념체계가 '유교'이다. 여기에는 정치적 의미도 있고, 정치권력을 국가종교에 결부하는 정치신학(政治神學)적 의미도 있다. 그래서 '교'에 '종교'의 의미가 포함될 수 있다. 이 '교'에는 또 유가사상을 이용하여 정치적 목적을 달성하려는 통치계급이 피통치자들을 교육시킨다는 의미의 '가르침'의 의미도 있다. 어떻든 '유교'라 할 때에는 그 사상체계가 진리를 담고 있다고 간주하므로 '진리를 담고 있는 문헌'

이라는 의미의 '경전(經典)'이라는 용어와 결부되어 그 문헌들을 '유교경전'이라 한다. 그리고 그에 관한 학문을 '경학(經學)'이라고 한다. 이러한 의미의 '유교'의 철학성을 강조할 때는 '유교철학'이라 한다. '유학'은 '유가사상'을 학문체계화한 것이란 의미다. 여기에는 철학뿐 아니라 문학, 예술 등 유가사상과 관련된 다른 내용도 포함된다. 이 책에서는 문맥에 따라 적당하다 싶은 용어를 쓰기로 한다(이 주석은 그 성격상 필자의 『《중용》 읽기』에도 공통되게 나옴을 말해 둔다).

21 여기서의 '귀신'은 종교적, 세속적 의미를 띤다. 이 책의 짝인 『《중용》 읽기』에서는 철학적, 학술적 의미의 '귀신'이 다루어질 것이다. 여기서는 단순한 의미로 받아들이기 바란다.

22 『예기』「왕제(王制)」, "天子祭天地, 諸侯祭社稷, 大夫祭五祀." 『예기』「예운」, "天子祭天地, 諸侯祭社稷."

23 훗날 송대(宋代) 이후의 성리학(性理學)시대에 본격화된다.

24 '大一'의 '大'는 '太(태)'와 통함.

25 "是故夫禮必本於大一, 分而爲天地, 轉而爲陰陽, 變而爲四時, 列而爲鬼神. 其降曰命, 其官於天也. 夫禮必本於天, 動而之地, 列而之事, 變而從時, 協於分藝, 其居人也曰義." ('義'는 원래 '養'으로 되어 있으나 이는 '義'의 잘못이라 함.)

26 인간의 사욕, 탐욕의 절제나 해소에 자기견제가 효과가 있을까, 아니면 외부견제가 효과가 있을까. 우리는 우리 자신이 스스로를 견제하여 사욕, 탐욕을 없애거나 줄인다는 것은 매우 어렵다는 것을 경험적으로 알 수 있다. 이를테면 불교사상을 보라. 욕망을 없애 부처가 되기 위해 얼마나 험난한 수행을 하는가. 그래서 사회를 이루고 살아가는 인간은 역사적으로 제도를 통한 외부적 견제를 많이 택하였다. 유가사상의 경우 그 외부적 견제가 바로 '예(禮)'이다. 유가사상의 유파 중에서 특히 외부적 견제방법을 채택한 쪽은 성악설(性惡說)을 주장하는 순자(荀子) 계열이다. 그래서 『예기』는 순자의 후학들이 정리한 문헌이라는 학설도 있

다. 그러나 「대학」, 「중용」을 보면 그렇지 않다. 이 두 문헌은 자기견제를 택하였기 때문이다. 성선설(性善說)의 맹자(孟子) 계열 분위기다. 그런데 왜 「대학」, 「중용」이 '예'의 기록인 『예기』 속에 있는가. '예'라는 것을 순전히 외부견제의 이론에서 기인한 것이라고만 볼 수는 없다. '예'를 자기반성을 통한 내부규율에 근거를 두고 외부규율로 표출된 것으로도 볼 수 있기 때문이다. 즉 내면의 '인(仁)'이 '의(義)'로 외면화되고 그것이 '예'로 구체화된 것으로 볼 수 있기 때문이다. 맹자의 경우는 인간의 본성에 이미 '인(仁)', '의(義)', '예(禮)', '지(智)'의 네 가지 덕이 있다고 본다.

27 이 '프롤로그'는 이 책을 위한 글로 지금 제시되고 있지만, 그 취지는 이 책에 이어 출간되는 『《중용》 읽기』를 위한 글의 역할도 하고 있다. 따라서 필자는 독자분들에게 이 책과 더불어 『《중용》 읽기』도 읽으시기를 권하는 바이다. 그래야 필자가 의도하는 「예운」, 『대학』, 『중용』으로 설명될 수 있는 유가철학사상의 구조가 보다 입체적이고 명확하게 나타날 수 있기 때문이다.

28 子見南子, 子路不說. 夫子矢之曰: "予所否者, 天厭之! 天厭之!"[『논어』 「옹야(雍也)」].

29 베틀에서 베를 짤 때는 먼저 그 기준선인 날줄이 세로로 놓이고, 그다음에 가로선이 되는 씨줄이 북실로서 왔다 갔다 하면서 베가 만들어진다. 이때 일차로 그 기준선이 되는 날줄이 '경(經)'이고 이차로 그 기준선과 엮이는 씨줄이 '위(緯)'이다. 베는 이 '경위(經緯)'로 만들어진다. [우리는 오늘날 지구 상의 어떤 위치를 용이하게 파악하기 위해 가상의 세로줄과 가로줄을 긋는다. 즉 영국의 그리니치 천문대를 0도로 하여 동서로 세로줄을 그어 동쪽으로 동경(東經), 서쪽으로 서경(西經)이라 부르는 경도(經度, longitude)의 경선(經線), 적도를 0도로 하여 북쪽으로 북위(北緯), 남쪽으로 남위(南緯)라고 부르는 위도(緯度, latitude)의 위선(緯線)이 그것으로서, 이러한 선들을 말할 때 이 글자들을 쓴다.] 따라서 '경'은 그 기준선이 되는 것이다. 이 '경(經)'이라는 글자는 이렇게 기준이라는 의미에서 더 나아가 곧 진리라는 의미

를 담게 되고, 나아가서는 진리를 담은 문헌을 의미하게도 된다. '위(緯)'는 '경'을 중심으로 하는 보조적 진리가 된다.

30 예를 들어 어떤 사람이 TV에 나와 『논어(論語)』를 강의하면서 주희의 해석이 옳니 그르니, 또 어떤 학자의 견해가 옳니 그르니 하지만, 만일 하나의 해석으로 확정한다면 유가철학사가 무의미해질 것이다. 유가철학사는 다양한 해석의 역사와도 관련되기 때문이다. 사실상 유가철학사 속의 많은 철학자들은 이미 자신의 철학을 전제하고 나서, 문헌 해석을 빌미 삼아 자신의 철학적 견해를 표출한 것이다.

31 '소학'의 교육 내용은 예(禮)·악(樂)·사(射)·어(御)·서(書)·수(數)의 '육예(六藝)'이다. 이 육예란, '예'는 예용(禮容), '악'은 음악(音樂), '사'는 궁술(弓術), '어'는 마술(馬術), '서'는 서예(書藝), '수'는 수학(數學)인 여섯 가지 기술이다. 또 한편으로 한대(漢代)에는 문자학(文字學)이 그 내용이 되기도 하고, 거기에 『효경(孝經)』, 사주(史籀; 문자체)가 더해지고, 수대(隋代)에는 금석각문(金石刻文)이, 당대(唐代)에는 서법서품(書法書品)이 더해져 대체로 기능적인 과목이 많았다. 그러다가 남송대 주희의 문인 유청지[劉淸之, 1134~1190, 자(字)는 자징(子澄), 호(號)는 정춘(靜春). 흔히 성(姓)에 자(字)를 붙인 '유자징(劉子澄)'으로 알려져 있음]가 스승의 교육 취지에 따라 우리가 현재 오늘날 볼 수 있는 하나의 아동 도덕규범서인 『소학』을 편찬하기에 이르렀다. 따라서 지금의 문헌 『소학』의 내용과는 달리, 『대학』이 만일 당시 교육기관인 대학의 교재였다면 그때의 소학(小學)의 교육 내용은 기능적인 측면이 많았을 것이다.

32 『대학장구(大學章句)』「경일장주(經一章注)」. "大學者, 大人之學也."

33 '돈(敦)'을 '돈(惇)'으로 표기해서 周'惇'頤라고 해야 한다는 주장도 있다.

34 『대학문(大學問)』. "大人者, 以天地萬物爲一體者也."

35 『노자[老子, 도덕경(道德經)]』 제1장 가장 첫머리에 나오는 "道可道, 非常道, 名可名, 非常名" 즉 "도를 도라고 말할 수 있다면 (그러한 도는) 영원한 도가 아니고, 이름을 이름이라고 말할 수 있다면 (그러한 이름은) 영원

한 이름이 아니다"라는 글의 취지를 말한다.

36 이 책에서의『대학』의 장(章) 구분은 편의상 가장 많이 거론되는 주희의 분류에 따름.

37 『대학장구』「경일장주」. "明德者, 人之所得乎天, 而虛靈不昧, 以具衆理而應萬事者也."

38 『전습록(傳習錄)』「권상(卷上)」. "明德是此心之德, 卽是仁. 仁者以天地萬物爲一體. 使有一物失所, 便是吾仁有未盡處."『전습록』은 왕수인의 어록과 학문을 논한 서신을 모은 것으로서, 상·중·하 3권으로 구성되어 있다.

39 『대학장구』「경일장주」. "爲氣稟所拘, 人欲所蔽, 則有時而昏; 然其本體之明, 則有未嘗息者. 故學者當因其所發而遂明之, 以復其初也."

40 『대학문』. "苟無私欲之蔽, 則雖小人之心, 而其一體之仁猶大人也; 一有私欲之蔽, 則雖大人之心, 而其分隔隘陋猶小人矣. 故夫爲大人之學者, 亦惟去其私欲之蔽, 以自明其明德, 復其天地萬物一體之本然而已耳; 非能於本體之外而有所增益之也."

41 『맹자』「만장(萬章)상(上)」에 "하늘이 이 백성을 낳고는, 선지로 하여금 후지를 깨우치게 하고, 선각으로 하여금 후각을 깨우치게 하였다(天之生此民也, 使先知覺後知, 使先覺覺後覺也)"고 함.

42 이는 한대(漢代) 유흠[劉歆, B.C.53?~25, 자(字)는 자준(子駿), 앞에 나온 유향(劉向)의 아들]의 학설인데, 현대에 와서 중국철학사가(中國哲學史家) 펑유란(馮友蘭, 풍우란)이 다소 수정한 학설도 있다. 그러나 당시 시대정황상 완전히 받아들이기는 어렵다. 학파의 명칭도 사마담[司馬談, ?~B.C.110,『사기(史記)』를 쓴 사마천(司馬遷)의 아버지]이나 유흠과 같은 한대 이후의 학자가 만든 것이지, 모든 학파가 해당 학파로 불리는 사상가들이 같이 모여서 학술활동을 한 것도 아니다.

43 『시(詩)』는 훗날『시경(詩經)』이라 일컫게 된 책. 경전(經典)으로 대접받는『시경』이란 표현이 있기 전 원래는 단순히『시』라고 하였다.

44 『대학문』. "明明德者, 立其天地萬物一體之體也. 親民者, 達其天地萬物一體之用也. 故明明德必在於親民, 而親民乃所以明其明德也. 是故親吾之父, 以及人之父, 以及天下人之父, 而後吾之仁實與吾之父, 人之父與天下人之父而爲一體矣; 實與之爲一體, 而後孝之明德始明矣."

45 『전습록』「권상」. "'作新民'之'新', 是自新之民, 與'在新民'之'新'不同. 此豈足爲據? '作'字卻與'親'字相對. 然非'親'字義. 下面治國平天下處, 皆於'新'字無發明. 如云'君子賢其賢而親其親. 小人樂其樂而利其利. 如保赤子. 民之所好好之. 民之所惡惡之. 此之謂民之父母之類'皆是'親'字意. '親民'猶孟子'親親仁民'之謂. 親之卽仁之也. 百姓不親, 舜使契爲司徒, 敬敷五教, 所以親之也. 堯典'克明峻德'便是'明明德'. '以親九族', 至'平章協和', 便是'親民', 便是'明明德於天下'. 又如孔子言'修己以安百姓'. '修己'便是'明明德'. '安百姓'便是'親民'. 說親民便是兼教養意. 說新民便覺偏了."

46 여기서 '후(后)'는 '후(後)'와 같다. 『대학』에서 '而后'라 쓰일 때의 '后'는 모두 다 이 뜻이다.

47 왕수인은 '정(定)'의 의미에 특별한 관심을 두었다. 그는 "정(定)이란 마음의 본체로서 천리(天理)이다. 동(動)과 정(靜)이 만나는 때이다(定者心之本體, 天理也. 動靜所遇之時也)"라고 하여, 바로 다음에 나오는 '고요함(靜)'과 그에 대응되는 상태인 '움직임(動)'의 근저로 보았다(『전습록』「권상」).

48 왕수인은 머물 데를 알면 뜻[志]이 정(定)해진다고 보았다.

49 『대학문』. "天命之性, 粹然至善. 其靈昭不昧者, 此其至善之發見. 是乃明德之本體, 而卽所謂良知也. 至善之發見是而是焉, 非而非焉. 輕重厚薄, 隨感隨應, 變動不居, 而亦莫不自有天然之中, 是乃民彝物則之極, 而不容少有議擬增損於其間也. 少有擬議增損於其間, 則是私意小智, 而非至善之謂矣."

50 중국 장시성(江西省, 강서성)의 한적한 시골인 '어후(鵝湖, 아호)'를 필자는 오래전에 굳이 배낭 메고, 일 년 중 마침 주희와 육구연이 논쟁을 벌였던 그즈음에, 시골버스를 타고 걷고 하여 물어물어 찾아가 본 적이

있다. 그전에 푸젠성(福建省, 복건성)의 주희의 고향, 무덤, 그 외 유적지를 둘러보고 우이산(武夷山, 무이산)을 넘으니 장시성의 '어후'가 있었다.

51 '오경'과 '육경'의 차이는 '악경(樂經)'의 포함 여부이다. 그러나 여기서 두 학파가 말하는 바는 그 어느 쪽이든 유교의 경전을 뭉뚱그려 말하는 것으로서 그 취지는 마찬가지이다.

52 여기서 맨 뒤의 '지(知)', '물(物)', '격(格)'을 한자 그대로 두고 풀어 번역하지 않은 것은 학파의 입장 차에 따라 다를 수 있기 때문이다. 그 구체적 내용은 이후 그 부분을 설명할 때 자세히 거론할 것이다.

53 사실 이렇게 분류하는 것은 『대학』 원문을 볼 때 외견상 상당히 그럴듯해 보인다. 그래서 이후 이러한 분류를 도식적으로 시각화한 것도 있다. 우리 조선조(朝鮮朝) 초 유학자인 양촌(陽村) 권근[權近, 1352~1409, 자(字)는 가원(可遠)]의 『입학도설(入學圖說)』 중 「대학지도(大學之圖)」라는 그림과 그 이후인 퇴계(退溪) 이황[李滉, 1501~1570, 자(字)는 경호(景浩)]의 『성학십도(聖學十圖)』 중 「대학도(大學圖)」가 그 예이다. 이 두 그림 모두가 맨 위에 '명명덕(明明德)', '신민(新民)', '지어지선(止於至善)'[지지선(止至善)]을 두어, 주희의 '삼강령'을 명확히 하였다. 그리고 이 삼강령의 도식 아래 주희가 '팔조목'으로 명명한 '격물(格物)', '치지(致知)', '성의(誠意)', '정심(正心)', '수신(修身)', '제가(齊家)', '치국(治國)', '평천하(平天下)'를 두었다.

54 여기서 '이(理)'를 '형상'에, '기(氣)'를 '질료'에 대비시켰다. 완전히 일치하지는 않지만 유사점도 많다. 그런데 그 이론 자체의 유사점보다는 한 시대의 이데올로기와 관련되는 유사점이 주목된다. 형상과 질료의 이론은 서양 고대 그리스 철학자 아리스토텔레스(Aristoteles, B.C.384~B.C.322)의 것이다. 그런데 이 이론이 훗날 이슬람권을 거쳐 중세의 유럽에 다시 들어가 기독교와 결합한다. 토마스 아퀴나스(Thomas Aquinas, 1225추정~1274)의 신학이 곧 그것이다. 그래서 형상과 질료의 이론은 서양 중세 이데올로기의 중요한 요소가 된다. 그런데 동양 쪽 중국을 비롯한 동아

시아권에서는 이 형상과 질료의 이론과 유사한 이기론이 성리학적 유교의 중요한 이론 요소가 되어, 동아시아 중세를 지배하는 이데올로기의 중요한 내용이 된다. 묘한 일이다. 주희의 생몰 연대는 토마스 아퀴나스보다 조금 앞선 1130년~1200년이다. 어떤 이들은 주자학을 근대사상이라고 말하지만, 분명 중세사상이다. 서양 중세의 '신(God)'과 주희의 '천(天)' 및 '천리(天理)'가 대비된다. 중국에서 근대적 요소는 심학에서 시작된다. 심학에서 도덕적 주체가 강조되면서 근대적 자아로서의 데카르트(René Descartes, 1596~1650)적인 '코기토(Cogito)'가 부각되기 때문이다.

55 이 '태극(太極)'이라는 말은 『주역』 「계사전(繫辭傳)」의 용어이다.

56 이 부분을 '지의 지극함'이라고 번역하는 이들도 있다. 그러나 『대학』은 '지의 지극함'을 말하는 것이 아니라, '치지(致知)의 결과로서 '지지(知至)' 즉 '지의 이름'을 논함이 주제의 하나다. 주희가 「격물보전」을 지어 말하려는 것도 역시 '격물'과 '지의 이름'에 대한 것이다.

57 그 원문은 이러하다. "所謂致知在格物者, 言欲致吾之知, 在卽物而窮其理也. 蓋人心之靈莫不有知, 而天下之物莫不有理, 惟於理有未窮, 故其知有不盡也. 是以大學始教, 必使學者卽凡天下之物, 莫不因其已知之理而益窮之, 以求至乎其極. 至於用力之久, 而一旦豁然貫通焉, 則衆物之表裏精粗無不到, 而吾心之全體大用無不明矣. 此謂物格, 此謂知之至也."

58 주희는 이러한 자신의 행위에 대해, "그 책의 모습은 오히려 상당히 방실(放失)함이 있어 이 때문에 나의 고루함을 잊고 채집하여 간간이 나의 뜻을 가만히 덧붙여 그 궐략(闕略)한 부분을 보충하여 뒷날의 군자(君子)를 기다리려 한다"고 하며, 이에 대해 "참월하게도 그 죄를 모면할 수 없는 것을 아주 잘 알고 있다"고도 한다. 주희는 이런 각오로 '격물치지'에 대한 자신의 견해를 '경전'에 삽입하였던 것이다.

59 왕수인의 수제자 전덕홍[錢德洪, 1496~1574, 자(字)는 홍보(洪甫), 호(號)는 서산(緖山)]은 "『대학문』은 사문(師門)의 교전(教典)이다(大學問者, 師門之教典也)"(『대학문』)라고까지 말하였다.

60 『전습록』「권하(卷下)」 참조.

61 『주역정씨전(周易程氏傳)』「간괘(艮卦)단전(彖傳)」.

62 『전습록(傳習錄)』「권중(卷中)」. "良知者, 心之本體."

63 『전습록』「권중」. "良知是天理之昭明靈覺處." 양지란, 천리가 그 안에서 밝으면서도 영묘한 깨달음의 가능성으로 내재되어 있는 곳이라는 말이다.

64 중국어의 글자인 한자(漢字)는 품사로 명확히 분류하기가 어렵다. 사실상 오늘날 중국어의 언어생활에서도, 물론 특정 글자가 사전에 지정된 대로 특정 품사로 쓰일 경우가 더 많지만, 많은 경우에 있어서 다른 품사로 자유자재로 변환되어 쓰이기도 한다. 그것이 중국어의 특성 중 하나다. 고대중국어에는 더욱 그런 변환적 함축이 많다. 지금 말하고 있는 부분과 같은 경우, 이러한 중국어의 특성을 잘 고려해야 한다. 우리말로 단순히 번역만 할 경우엔 그 배경적 의미를 다 말하기가 어렵다.

65 여기서 '호색'을 어떤 이는 '좋은 색'이라고 보는데, 이는 '색'을 단순히 색깔로 본 것이다. 또는 좋은 경치라고 하는 이도 있다. '색'의 의미에는 '빛깔', '색깔', '얼굴빛', '미색', '여색', '성욕' 등이 있다. 그런데 여기서 『대학』의 저자는 자기를 속이지 않는 것이 아주 본능적인 것처럼 자연스럽게 이루어져야 한다는 취지로 말한 것이다. 우리는 악취를 맡으면 본능적으로 얼굴을 찌푸리며 싫어한다. 이것이 후각에 관한 것이므로 이에 견주어 시각적인 측면에서 '호색'도 색깔을 말하리라 여겨 그렇게 해석하기도 한다. 그런데 좋은 색깔, 좋은 경치를 볼 때 우리 모두가 예술가처럼 감동하는 것은 아니다. 여기서는 그 시각적 측면 중에서도 특히 '미색', '여색'을 말한다. 당시 남성 위주 사회의 봉건적 기득권 남성이 미녀를 볼 때의 반응을 말하는 것이다. 요즘 사회의 사고로는 아주 부적절하고 불편한 비유겠지만.

66 '불선(不善)'과 '악(惡)'이 논리적으로는 같을 수 없다. '선'과 '불선'은 논리학상 모순 개념의 관계이고, '선'과 '악'은 논리학상 반대 개념의 관계이

다. 왜냐하면 '선'과 '불선' 사이에는 논리적으로 아무것도 없지만, '선'과 '악' 사이엔 '선도 아니고 악도 아님'이 있기 때문이다. 중국철학에서는 '선'과 '불선'을 대비시키는 경우도 있지만, 선과 악을 대비시키는 경우도 있다. 맹자의 성선설에 대한 순자의 성악설처럼. 그런데 '불선'과 '악'이 논리적으로는 다르지만 현실적으로는 크게 구분 없이 쓰이고 있다(필자의 『《중용》 읽기』에도 필요에 의해 이 주석이 있다).

67 『대학』이 말하는 바는 이상적 희망사항일 수 있음을 현실이 말하고 역사가 말한다. 가장 단적으로 정치판을 보라. 증자가 말한 열 개의 눈, 열 개의 손을 훨씬 넘는 수십만, 수백만 아니 그 이상의 눈과 손도 소용없는 경우도 많지 않은가. 지금도 얼마나 많은 위선자들, 소인들이 '군자 코스프레'를 하고 있는가. 우리는 언제나 경계해야 한다. 군자를 오히려 소인으로, 소인을 오히려 군자로 잘못 판단하고 있지는 않은지. 그 경우가 이미 역사 속에 있는 인물이든 지금 현재의 인물이든. 역사에서도 지금에도 혹시 악화가 양화를 몰아냈고 또 몰아내고 있지는 않은지.

68 『전습록』「권하」.

69 원문에 '신(身)'(즉 '몸')으로 되어 있는데, 정이(程頤)는 '심(心)'(즉 '마음')의 잘못이라고 보았다. 문맥상 '心'이 맞다.

70 『주자어류(朱子語類)』「대학(大學)2 · 경하(經下)」. "心, 言其統體; 意, 是就其中發處." 『주자어류』는 주희가 강학하면서 제자들의 질문에 답한 어록 모음집으로서 모두 140권이다.

71 『주자어류』「대학2 · 경하」. "心是指體看. 意是動, 心又是該動靜."

72 『주자어류』「대학2 · 경하」. "致知, 誠意, 正心, 知與意皆從心出來."

73 『주자어류』「대학2 · 경하」. "心之所發有不中節處, 依舊未是正."

74 『주자어류』「대학3 · 전팔장석수신제가(傳八章釋修身齊家)」. "忿懥等是心與物接時事."

75 『주자어류』「대학3 · 전칠장석정심수신(傳七章釋正心修身)」. "忿懥 · 好樂 · 恐懼 · 憂患, 這四者皆人之所有, 不能無. 然有不得其正者, 只是應物

之時不可夾帶私心."

76 『주자어류』「대학3 · 전칠장석정심수신」. "有事當怒, 如何不怒. 只是事過, 便當豁然, 便得其正. 若只管忿怒滯留在這裏, 如何得心正."

77 『전습록』「권하」. "『大學』之所謂'身', 卽耳目口鼻四肢是也. 欲修身便是要目非禮勿視, 耳非禮勿聽, 口非禮勿言, 四肢非禮勿動."

78 "예가 아니면 보지 말고, 예가 아니면 듣지 말고, 예가 아니면 말하지 말고, 예가 아니면 행동하지 말라(非禮勿視, 非禮勿聽, 非禮勿言, 非禮勿動)"[『논어』「안연(顔淵)」].

79 『전습록』「권하」. "心者身之主宰, 目雖視而所以視者心也, 耳雖聽而所以聽者心也, 口與四肢雖言動而所以言動者心也."

80 『전습록』「권하」. "至善者, 心之本體也, 心之本體那有不善? 如今要正心, 本體上何處用得功?"

81 『전습록』「권하」. "必就心之援動處纔可著力也. 心之發動不能無不善, 故須就此處著力, 便是在誠意."

82 『전습록』「권상」. "爲學工夫有淺深. 初時若不看實用意去好善惡惡, 如何能爲善去惡? 這著實用意, 便是誠意. 然不知心之本體原無一物, 一向著意去好善惡惡, 便又多了這分意思, 便不是廓然大公. 書所謂'無有作好作惡', 方是本體. 所以說有所忿懥好樂, 則不得其正. 正心只是誠意工夫里面. 體當自家心體, 常要鑑空衡平, 這便是未發之中."

83 평유란은, 서인(庶人)을 공상업자로서 귀족과 노예 사이의 자유민으로 보았다.

84 『맹자(孟子)』「고자(告子)하(下)」 참조.

85 지방정부로서의 '국'의 규모나 위상도 다 달랐다. 당시 제후에는 등급이 있었다. 공작(公爵), 후작(侯爵), 백작(伯爵), 자작(子爵), 남작(男爵)의 다섯 등급의 작위가 그것이다. 그러나 주나라 중앙정부의 지방정부에 대한 통제력과 영향력이 떨어지고, 지방정부인 국들이 각각 자신들의 힘을 키워 이웃 국들을 침략하면서 지방정부 간의 전쟁이 시작되었다. 그

로 인해 기존 주나라 중심의 천하의 틀은 붕괴되기 시작하였다. 주대의 그러한 후반부 시기가 곧 춘추전국시대(春秋戰國時代)이다. 춘추시대에는 그나마 기존의 많은 국들이 존재하였지만, 약소국이 하나둘씩 강대국에게 병합되면서, 전쟁이 더욱 일상화된 전국시대에는 대표적 일곱 국만 남게 되고, 결국 진(秦)나라에 의해 천하는 통일되게 된다. 제후를 원래 공(公)이라 불렀지만, 전국시대에는 주의 천자만을 지칭하던 왕(王)이란 말을 제후들이 모두 스스로 사용하게 된다[초(楚)나라는 일찌감치 '왕(王)'의 칭호를 썼다]. 그래서 진이 천하를 통일한 후에, 진왕(秦王)은 천하를 통치하는 최고통치자를 일컫는 새로운 용어로 '황제(皇帝)'란 말을 사용하게 되고, 자신을 첫 번째 황제 즉 '시황제(始皇帝)'라 일컬었다.

86 『맹자』「양혜왕(梁惠王)상(上)」. "不嗜殺人者能一之."

87 '제(弟)'는 '아우'의 의미와 '아우가 형을 공경하다'의 의미를 가지고 있는데, 이후 '제(悌)'라는 글자를 만들어 후자의 의미를 전담하게 하였다. 처음에는 '弟'가 전자, 후자의 의미를 모두 가졌다. 『대학』의 이 경우의 '弟'는 훗날의 '悌'의 의미이다(현대 중국표준어에서는 두 글자의 발음이 다르다. '아우'의 의미인 '弟'는 발음이 'dì'이고, '아우가 형을 공경하다'의 의미인 '悌'는 발음이 'tì'이다).

88 이 책의 첫머리에서 대동사회를 묘사하는 부분에 '환(矜=鰥), 과(寡), 고(孤), 독(獨)' 즉 '홀아비, 과부, 고아, 독거노인'이 나왔다. 여기서의 '고(孤)'는 고아이다. 『맹자』에도 이러한 부분이 나오는데 맹자는, 어린데 부모 없는 아이를 '고(孤)'라 한다 하였다. 그렇지만 여기서 말하는 취지로 볼 때 단순히 '고아'만을 말하는 것은 아니다. 환, 과, 고, 독 등 외로운 사람을 통틀어 포괄적으로 말한 것으로 보아야 한다. 나라에서 고아만 보살피면 백성들이 배반하지 않는다고 하는 말은 적절치 않다.

89 주무왕이 쿠데타(이른바 역성혁명)를 일으켜 은나라 주왕(紂王)을 치기 전에, 자신이 쿠데타를 일으킬 수밖에 없는 정당한 명분을 여러 제후와 군사들에게 말한 연설문[즉, 「태서(泰誓)」]에 나온다.

90 유가사상에는 이러한 보수적 인식에 대한 견제사상으로서 혁명사상도 있지만, 역사현실에서는 보수적 사상이 더 힘을 발휘한 것이 사실이다. 동학혁명 당시 프랑스대혁명같이 왕조 자체를 뒤집는 시도를 감히 하지 못하고, 그 주변의 부패한 정치세력 제거를 기치로 내걸었던 것도 동학사상에 내재한 가족공동체적인 유교사상의 요소, 즉 통치자를 어버이로 보아 차마 감히 타도를 외치지 못한 요소가 영향을 미친 것으로 보인다.

大學